# 僕は霊媒師

旭晄進
ASAHI KOUSHIN

幻冬舎MC

# 僕は霊媒師

# 目次

# 序章

# 迷い、さまようあなたへ

仕事先の人に打ち上げに誘われ、店に入ると、ただならぬ気配を感じました。

「気がついて……」

何かが訴えてきます。どの人だろう？　店の中を見渡すと、「ああ、あの子だな」と、すぐに察しがつきました。お店のスタッフの女性、長い髪で、20代半ばといったところ。笑顔で応対しているけれど、あまりにも悲しい気配を放っています。僕は席に着きました。

「あなた、霊が憑いていますよ」

夜の店で、たまたま会った客から、いきなりそんなことを言われたら、怖がられて拒絶されるのではないか。おかしな人だと思われるかもしれない。いや、口説き文句にしか聞こえないだろうな。霊なんて、自分にしかわからないのだから放っておけばいい……。

「進《すすむ》、言いなさい。彼女が切羽詰まっているのがわかるだろう。このまま放っておいていいのか？」

突然、父の声が聞こえてきました。「進」は僕の本名です。

亡くなった父が、時折、こうして僕のもとに現れるのです。といっても、姿は見えず、心にダイレクトにメッセージを送ってきます。そう、確かに僕も、彼女をそのままにしては危ないのでは、という緊迫感を感じていました。

「これも修行か……」

そう思って、言い出す機会を待ちます。やがて、彼女が僕の隣に座り、皆でお酒を飲みながら、世間話が始まりました。そして、意を決して言葉をかけました。

「ちょっとごめんね。こういう楽しいときに申し訳ないんだけど、あなた、何年か前に大切な人を亡くしていない？」

「え？　なんですか？」

予想通り、警戒しています。まあ、当然の反応か。

「最近、とてもつらい日々を送っているでしょう。もしかして、死にたいと思っているんじゃない？」

「え……？」

女性はハッと目を見開き、驚いて僕を見つめます。

「……どうして……？」

困惑する女性に、僕は続けました。

「生きるのに疲れた、もう死にたい、って心が言っているよ。そして、それを止めようとしている人がいる。ここ2、3年で、あなたの周りで大切な人が亡くなっているね。その人が、あなたを引き止めているんだよ。ダメだよ、自殺なんて考えちゃ」

見開いた目に涙があふれ、ポロリとこぼれ落ちます。肩が震え出し、やがて号泣に変わりました。しばらく泣くに任せて、彼女が落ち着くのを待ちました。初めて会った男から、いきなり言われた言葉。誰にも話したことのない、自分の胸のうちをズバリと言い当てられたのですから、動揺するのも無理はありません。

「どうして……、どうしてわかったんですか？」

「それを止めようとしている、あなたを守る人……守護霊ってわかるかな？　あなたを気にかけている霊なんだけど、その人が、そっちに行っちゃいけないよ、って引き留めているのが見えるんだよ」

「……おじいちゃんです。一昨年、亡くなったんです。大好きだった。小さい頃から、私をすごくかわいがってくれたんです……」

「そうか。じゃあ、おじいちゃんのためにも生きなくちゃいけないね。おじいちゃんは、あなたに伝えたいことがあるそうだよ。それはね………」


仕事の打ち上げで行ったお店で、いつの間にかカウンセリングが始まっていました。僕にとっては珍しいことではありません。楽しむために行った先で、やむにやまれず、声をかける状況に出会う。「このままにしては命を絶ってしまうかも」「この人のお母さんが危ないな」といった緊急性があるときには、どうしても声をかけずにはいられません。

そんなとき、自分はここに「あてがわれたのだ」と思います。これが、今日の使命なのだと。訪れた先でカウンセリングが始まるのは、必要とする人に自分があてがわれて、ここに来たのだと実感するのです。

人は、それを「縁」というのでしょう。

生きていれば、誰もが悩みを抱えているものです。問題の大小やそれぞれの感じ方に違いはあるにせよ、悩みや迷いのない人など、誰ひとりいないでしょう。それが人生だともいえます。しかし、ここ最近、それが深刻になっているように感じます。

仕事がうまくいかない、家族とうまくいっていない、異性の問題やお金のトラブルを抱えている、なにをやってもうまくいかない、居場所がない、ひとりぼっち、頼れる人がいない……。寂しい、苦しい、怖い、毎日がつらい、虚しい、疲れ果てて、もう生きる気力がない……。そんな「鬼」とも「地獄」ともいえる心の闇を抱えている人が多いのです。

人間関係が希薄といわれる社会で、相談する人もなく、ひとりで悩んでいる人もいるでしょう。

日本では、ここ数十年間、たび重なる大きな地震が発生し、台風や集中豪雨などの災害も続いています。そして、2020年には新型コロナウイルスという未知のウイルスが人類を襲い、世界中で感染が広がっています。

まさに人間がこれまで体験したことのない、未曾有の事態、先の見えない世界を私たちは生きているのです。

つらいとき、迷ったときに、目には見えないけれどあなたを見守る存在がいて、あなたにメッセージを送っている。それを知ることで、心が軽くなったり、人生に希望を持ったりできることもあります。苦しい胸のうちを家族や友人に相談できればなによりですが、近い間柄では話しにくい場合もあるでしょう。そうしたときには、霊媒師（スピリチュアルカウンセラー）が、話をお聞きします。あなたの気持ちを整理して、再び歩き出すためのお手伝いができるでしょう。

僕が霊媒師として活動を始める決意をしたのは、２０１０年の年末でした。退行催眠（ヒプノセラピー）で自分の過去世を知り、年が明けて2月に高島易断で「晄進《こうしん》」の名をいただき、沖縄のシャーマン（霊媒師）といわれるユタにも導かれました。

その直後、日本は東日本大震災という空前絶後の災害に見舞われたのです。

「お前に、なにができるのか？」

自然の猛威に対して、自分が無力であることを痛感し、霊媒師としての決意が揺るがされました。

この出来事は、いったい自分になにを問いかけているのだろう？

そう考えると、なにか大いなるものから、「覚悟を決めろ」と突きつけられた気がしました。そうした出来事は、それから何度も起こりました。

「お前に、なにができるのか？」

今も日々、それを問いかけながら生きています。僕も人生に悩み、苦しみ、日々模索する、ひとりの人間です。たまたま霊能力が敏感という特性があるだけで、あなたと同じ現代の荒波に翻弄されているひとりなのです。私たちは、いっしょに人生の荒波を乗り越える仲間、この時代をともに生きる戦友です。

スピリチュアル、霊的なものは、非科学的であり非現実的だと言う人もいます。しかし、僕はそうは思いません。まだ科学的に証明されていないだけで、霊的な現象も一種の科学現象だと僕は考えています。

「スピリチュアル」と「科学」の融合。それが、これからの時代のテーマとなるでしょう。詳しくは後述するとして、現代社会において「スピリチュアル」と「科学」を近づける役割が、自分にはあると感じています。

僕は社長として土木・建設関係の仕事に従事する傍ら、霊媒師として、悩める人たちの話を聞いてきました。その数は、いつしか６００人を超えました。

一人ひとりに寄り添う守護霊の存在を伝えることで、その人の生きる力になれば幸いです。また、今までとは違うものの見方や考え方を取り入れることが、心を軽くし、人生を生きやすくするきっかけになれば、そして、手に取った人の人生に光を与えることができればと思い、今回、筆を執りました。

霊媒師として生きる僕の体験を振り返りながら、現代に生きる人々へのヒントを伝えていきたいと思います。

# 第1章

# 生まれる

―霊能力のある家系に生まれて―

## いちばん古い記憶

「ねえねえ、おばあちゃん。なんか、誰かいるみたいなんだけど。ほら、あそこ。女の人かな？」

部屋の片隅にいつもとは違う不思議な気配を感じた僕は、いっしょにいたおばあちゃんに言いました。

「あら、そう？　進ちゃん、放っておきなさい。相手しちゃダメよ。怖くないからね」

「うん。わかった。僕、怖くないよ」

「あのね、向こうにいる人に『なあに？　どうしたの？』って聞いたり、怖いと思ったりしちゃダメよ。こっちに取り憑いてくるんだからね」

「え〜、そうなんだ。おばあちゃん、わかったよ！」

目には見えないけれど、なにかの気配を感じる……。それがいったいいつからだったのかと聞かれると、おばあちゃんとの思い出にたどり着きます。

まだ小学校に上がる前のこと。我が家に来ていたおばあちゃんと二人で、部屋の中で過ごしていたときの出来事です。

部屋の片隅に、なにかぼんやりとした気配を感じて、そちらを見ると、女の人が立っていました。

知らない人が断りもなく、突然部屋の中にいるはずなんてないのですが、なぜかそこにいるのです。といっても、リアルな存在ではなく、薄ぼんやりとしています。いわゆる、お化け、霊、もののけ……というようなものです。僕には、それが見えてしまったのです。

でも、おばあちゃんは、僕が見えるものを否定することはありませんでした。そして、どうすればいいか、対処法を教えてくれたのです。その言葉で、幼い僕は「そういうものなのだ」と理解しました。

この日から、ときおり人間とは違う、霊の気配を感じるようになりました。金縛りはしょっちゅうあったし、女の人の顔が部屋に浮かんでいる、近くにいないのに赤ちゃんの泣き声が聞こえる、風もないのに部屋の物が動く、などなど……。その都度、おばあちゃんに教わった作法で状況を受け入れていったのです。

おばあちゃんから数珠をもらい、「お経をひとつ、覚えておきなさい」と言われたので、小学生のときにはすでに、日蓮宗で一番簡単なお経を覚えていました。僕は自然に、仏壇があればその前で数珠を持って手を合わせるようになったのです。

他の家庭と比べると少々（かなり？）特殊な環境なのかもしれませんが、僕にとっては、これが普通のこと。のちに霊やスピリチュアル関係の人から「あなたは本物だ」とか、「霊媒師のサラブレッド」などと言われることになるのですが、その始まりは、こうした環境にあったのです。

おばあちゃんに霊能力があったのは言うまでもありません。おばあちゃんこそ、僕の霊能力を引き出してくれた張本人、いえ、立て役者。このおばあちゃんがいたからこそ、今の僕があります。僕は生まれながらにして、霊媒師になる宿命だったのでしょう。

## お盆にやってくる、おばあちゃんの友だち

僕が小学生の頃、我が家は父、母、4歳上の姉、僕の4人家族で東京・府中市に住んでいました。お盆の時期になると、千葉に住んでいたおばあちゃんが遊びに来ました。

ある日の夜、僕が父と居間でテレビの野球中継を見ていたときのこと。おばあちゃんはお風呂に入っていたのですが、突然、風呂場のほうからガタガタガタッと大きな音が聞こえました。

「え？　なになに?!　おばあちゃん、倒れちゃったんじゃない?!　パパ、見てきてよ！」

「イヤだよ！　怖いよ。進、お前が見に行ってくれよ〜」

「パパ、なに言ってるの！　おばあちゃんは自分の親じゃないか」

「おばあちゃんが倒れていたら怖いから、進が行って！　頼むよ！」

ガターン！　ガッシャーン‼

お風呂場の扉が勢いよく開く音がして、突然、台所の食器が床に落ちて割れました。

「なんだ?!」

「おばあちゃんの魂が体から出て、こっちに来たの?!」

びっくりして顔を見合わせた父と僕。その間を、すーっと涼しいものが通りました。その瞬間、何者かが、僕の頬を手でサーッとなでる感覚が！　ゾッとして父を見ると、父もそれを感じたようです。

「ひ～～っ！　いっいっ、今、誰か通った‼」と父が叫びました。

次の瞬間、窓の雨戸がカターンと外れて床に落ちたのです。通り過ぎた何者かが、まるで窓から出ていったような勢いでした。

「えー、なに?!　どうなってるの？　おばあちゃん、死んじゃったの?!」

行くしかない！　僕は風呂場に向かいました。

おばあちゃんの声が聞こえます。「無事だった！」とホッとした僕の耳に入ってきたのは……。

「……なむ……げきょう……なむ……」

「南無妙法蓮華経～、南無妙法蓮華経～」

お経を唱える声でした。風呂場の中から、おばあちゃんが言います。

「あら、進ちゃん。今、○○さんが遊びに来ていたのよ。昔、心臓の病気で亡くなった人でね。『うちに息子と孫がいるのよ』と言ったら、『じゃあ、挨拶して帰るわ』って言ってたわよ」

「あ、あれ？　挨拶だったの？　うん、確かに来たよ」

ホッとしたのと同時に、やれやれと思って、父の元へ戻りました。
「パパ、さっきのあれ、おばあちゃんのお友だちの挨拶だったんだって」
「そうか、挨拶か。ずいぶん怖い挨拶だな……」

おばあちゃんがやって来た日の我が家は、こんなことが普通に起こりました。誰もいない所から音が聞こえる、突然、物が落ちる……そんなことは日常茶飯事。ちょっと怖くてドキドキするけれど、子どもの僕には、それが楽しみでもありました。

僕は、このおばあちゃんが大好きでした。関東大震災や太平洋戦争の頃の体験、そして霊に関すること。おばあちゃんがしてくれる話を、いつも興味津々で聞いていたのです。

## おばあちゃんの不思議な体験

おばあちゃんは子どもの頃に不思議な体験をしていました。これは、僕がおばあちゃんから聞いて記憶していることです。

大正12（1923）年の関東大震災のとき、おばあちゃんは5～7歳くらいで、東京の月島に住んでいました。いきなりぐらぐらと家が揺れ出して、逃げる間もなく家が倒れてしまった。しかし、運よく、ちょうどすき間があって、家の下敷きになることなく、おばあちゃんは助かった。瓦礫の中から這い出したら、すでに近くに火の手が見えたそうです。日比谷公園に逃げようと走り出したおばあちゃん。すると、「そっちじゃないですよ」と誰かの声が聞こえた。おばあちゃんには、その声が巫女さんのように感じたそうです。それで、あわてて日比谷公園とは反対のほうに走っていって難を逃れたのです。のちに日比谷公園に逃げた人たちの多くが、火災旋風によって命を失ったことを知るのです。

その後、おばあちゃんは結婚して、三人の子どもに恵まれました。伯父、伯母、そして僕の父です。太平洋戦争が激化すると、家族で山梨県に疎開し、戦争末期（1945年）、甲府空襲に遭遇します。砲火を避けて、おばあちゃんが川に逃げようとしたら、「そっちじゃありませんよ」と手を引っ張る人がいた。見ると、白い衣を着た巫女さんでした。そして、また難を逃れたのです。おばあちゃんが逃げようとしていた先は、そのあと焼け野原になっていたと言います。

終戦直前の8月、蒸気機関車に乗って中央本線で東京に向かっていたときに八王子で空襲がありました。おばあちゃんたちは、ものすごい地響きのなか、小仏トンネル内で6時間、立ち往生したそうです。煤まみれになってトンネルを出ると、そこに見えるはずの八王子の街が焼失していたそうです。

おばあちゃんはこの戦争で夫を亡くして、嫁ぎ先から月島の実家に戻りました。その後は、いろいろ苦労をしたのではないかと思います。きっかけはわかりませんが、日蓮宗の行者になりました。

僕は大人になり、日蓮宗を学ぶようになって、日蓮聖人が住んでいた草庵が焼き討ちに遭ったときに、白い猿が助けたという言い伝えを知りました。白い衣の巫女さん……。おばあちゃんの話と白い猿の話が、僕の中では不思議につながっています。

## よく泣く子どもだった僕

霊媒師やスピリチュアルカウンセラーになる人は感受性が強いといわれますが、子どもの頃の僕も、まさにその通りでした。テレビや映画を見ると登場人物の感情が自分の体（心）の中に入ってくるようで、おいおいと泣き出し、やがて号泣。涙で視界がぼやけ、ドラマの続きが見られないほどでした。

幼稚園の頃も、よく泣いていました。子どもにとって、小さな言い争いやケンカは日常のこと。でも、僕は相手になにか言われても反論できず、しくしく泣いていたのです。毎日そんな様子だから、先生から「やり返しなさい」と言われたほど。僕が泣いてしまう本当の理由は、ここで僕が相手になにか言ったら、「相手が傷ついてかわいそう」と思ってしまうから。それを先生も、他の人も、理解できなかったと思います。

小学校2年生くらいだったと思うのですが、バス停でバスを待っていたら、一緒に並んでいたおばあさんの感情が伝わってきました。とても寂しそうです。どうも、その当時の僕くらいの年齢の子どもを亡くしたようでした。おばあさんは子どもの姿を見て、懐かしくなって、同時に寂しい感情が湧いてきたのかもしれません。それが僕に伝わったのでしょう。

帰宅して、その話を母にすると、母は「ああ、そうなの」で終わりました。これも我が家らしいのです。もし、ここで「あんた、なにバカなことを言っているのよ」などと否定しては、スピリチュアルの芽は摘まれてしまったでしょう。義母（僕のおばあちゃん）や夫をはじめ、周りにたくさんそんな人がいたので、母も驚かなくなっていました。

今にして思えば、たとえ笑顔であってもその内側にある人間の悲しみを、幼い頃から僕は感じ取っていたようです。

もう少し大人になってからは、世の中のことが少しずつわかってきて、人の裏側の感情も見えてきました。口ではいいことを言っていても心の中では罵詈雑言、本心と外面《そとづら》は正反対、などということもわかってしまいます。すると、今度は「世の中はなんて醜いんだ！」と、僕はおいおい泣いたのです。

ときに持て余してしまうほどの敏感な感受性ですが、霊媒師として生きる今、それが僕を作ってきたのだと実感しています。

## 感性が育つ環境

霊感は、本来は誰にでも備わっているものです。それを伸ばし、磨くことができるかどうかは、その人の置かれた環境によるものが大きいでしょう。

例えば、スポーツ選手もそうです。子どもが「僕は野球がやりたい」と言ったとき、それを伸ばしてあげられるような環境があったかどうか。

「うちはお金がないからダメよ」「あなたはサッカーをやりなさい」などと言って、子どもの芽を摘んでしまう親もいるでしょう。

僕にしても「パパ、あそこに誰かいるよ」と言ったときに、「そんなわけないだろう。気のせいだ」と言われていたら、それで終わりです。

「そうなの？　パパにはわからないけど、おばあちゃんに聞いてみるかい？」

そう言ってくれる環境だったから、僕の霊感は培われたのです。

スポーツで才能が伸びるように応援する家庭だったのか、霊感を受け入れる家庭だったのか、その違いだけであって、霊感が特殊というわけではありません。僕はたまたま、霊感が伸ばされただけなのです。

以前、伊勢神宮にお詣りしたとき、御垣内《みかきうち》まで足を伸ばしたことがあります。

「あれ、女の人が舞っているのが見えるなぁ」と、雰囲気で感じたのです。

すると、近くにいた小さな女の子が、

「あ！　あそこで巫女さんが踊ってるー」と滝を指さして言ったのです。

「おお、そんなにはっきり見えるとは、この子はすごい感性を持っているな。これはニュータイプだな！」と思ったのです。すると、母親が言いました。

「○○ちゃん、そんなこと、絶対に人に言うんじゃありませんよ。頭がおかしいと思われちゃうからね」

ああ、この子の霊感の芽が摘まれた。偉大な霊媒師が消えてしまった……。なんと残念な。

この女の子は、僕なんかより、ずっと感受性が強かった。僕は「誰かがいる、女の人かな？」という程度だったのに、「巫女さんが踊っている」とはっきり言ったのです。ということは、それが見えたということ。

子どものうちに素質を伸ばすかどうか、それは親の姿勢や環境次第なのです。

## 姉とおばあちゃん

僕の4歳上の姉は幼い頃の事故で障害を負い、入退院を繰り返し、自宅療養することが多い日々を送っていました。姉の具合が悪くなると、よくおばあちゃんに電話をかけて相談しました。すると

「東西南北、部屋の四隅に塩を盛って、お経を唱えなさい」と言われたものです。

僕が中学生の頃のある夜、いつものようにお経を唱えたのですが、なんだか雰囲気が怖いのです。部屋を閉め切ってお経を唱えていると、ロウソクの火がバチッバチッと鳴って、妙な気配を感じました。

「来たな」と思った瞬間、頬をなでられる感触が！　ぞっとして後ろを振り返ったら、母が気を失っています。なにかの霊が母にのり移ったようです。慌てて電話する僕。

「おばあちゃん！　どうすればいいの？」

まだ中学生の僕は、必死で母親に取り憑いた霊を祓おうと、日蓮宗のお題目を唱えました。姉の悪いところが治るように唱えたお経が、他のものを呼んでしまったようです。

「祓いなさい」と、ひと言。

こうしたことは、何度も起こりました。そのたびにお経を唱え、霊を追い払っていた僕は、自然に除霊する術を身に付けたのです。

## 毘沙門天との出会い

僕は、毘沙門天にはひとかたならぬ縁を感じています。毘沙門天は、仏教の四天王の一人で、北方の守護神。四天王が揃ったときには「多聞天《たもんてん》」と呼ばれます。怒りに満ちた迫力ある形相、甲冑に身を包んだ武将姿で、右手には宝棒を、左手には経典が収まった宝塔を捧げ持ち、足元では鬼を踏みつけています。

最初に毘沙門天のお告げを受けたのは、中学生か高校生のとき。ある日、夢に出てきたのです。

僕は、一人で森の中を歩いていました。小さな祠《ほこら》があり、中を見ると毘沙門天の像がありました。「あ、毘沙門天さまだ」と思い、真言を唱えながら手を合わせました。

「おんべいしらまんだやそわか～」

後ろが、ざわざわとざわめいています。よく見ると、父や知らないおじさんたちが血の涙を流して苦しんでいるのです。

「す、進、助けてくれー」

「パパ！　どうしたの？」

「……お父さん、死にそうだよ。早く助けてくれー」

「わかったよ！　一生懸命に祈るね！」

そうして僕は「みんなを助けてください！」と、ひたすら毘沙門天に祈ったのです。すると、頭の上のほうから、パラパラーッと、薬が入った袋のようなものが降ってきました。みんながそれを飲むと、苦しんでいたのがピタリと治ったのです。

「やったー。パパ、よかったね！」

「ほーら、さすが俺の子、進だ。お前は毘沙門天の化身だな」

「うん、任せてよ。何かあったら、いつでも僕が助けるからさ」

そう僕が言ったら、そこにいた人たちは、また具合が悪くなって、どんどん倒れ出したのです。

「任せてください！　今度も僕が、みんなを助けちゃうから」

そう思って、僕はまた、一心に拝んだのです。でも、助けられなかった。祈りも虚しく、皆、死んでしまったのです。

「毘沙門天さま、どうして力を貸してくれなかったんですか……」

僕は悔しさのあまり、涙が止まりません。すると、祠の中から声が聞こえました。顔を上げると、なんと毘沙門天が仁王立ちして、恐ろしい形相で僕をにらんでいます。

「いいか、お前はこの先、多くの人々を救わねばならない。お前の周りには、多くの苦しんだ人間が集まるだろう。そのとき、お前は私利私欲を捨て、無心になって人々のために祈らなくてはならない。今のお前は、欲を持って私を拝んだ。人々を救いたければ無欲であれ！」

「は、は、はいっ！　わかりました！」

「いいか、今の気持ちを忘れるな。これは夢にして夢に非《あら》ず」

そう言い残すと、パーッと走り去るように一瞬で消えてしまったのです。

「あっはっはっ～」という笑い声を響かせて。

とてもリアルな夢でした。

「決しておごることなく、ひたすら精進せよ」ということなのでしょう。この夢は、毘沙門天からのお告げだと直感しました。

ところが、やがて僕は、すっかりこの夢のことを忘れてしまったのです。

## 上杉謙信公との出会い

僕は、上杉謙信が大好きです。出会いは中学1年生のとき、友だちの家に遊びに行って、本棚にあった一冊の本に目が止まりました。『戦国の世にありがたき名将』。ふと手にとって、上杉謙信の項目を読みました。挿絵を見て、「こんな坊主みたいな武将がいたんだ」と思いながら、読み進めたのです。するとあれ？　なんだか僕の好きな毘沙門天にイメージが似ているな」と気になってしまった。

上杉謙信といえば、川中島の戦いをはじめとする武田信玄との対決で有名な、「越後の虎」と呼ばれた聖将。「謙信は毘沙門天の生まれ変わりだ」と言う人もいます。

その後、他にも本を読んでいろいろ調べていくと、ますます毘沙門天に通じるところがあり、僕はどんどん謙信公に惹かれていきました。彼の言葉、考え方、行動……、知るほどに、僕にとっては魅力的な人物に思えました。居心地がよい、というのはへんな表現かもしれませんが、僕にとってはそんな感じです。ついには、謙信公を我が師と考えて、部屋で祀るようになりました。

彼の根本には「義のため」、つまり「正義のために生きる」という思いがあります。もちろん、その時代の彼の考える正義感なのですが、現在に生きる僕には、その思想がすーっと心の中に入ってくるのです。

こうして、中学1年生のときから、毘沙門天と上杉謙信公を崇拝。彼女も作らず、せっせと祈り続ける毎日を送ったのです。それを心配した父から「おまえ、早く彼女を作れ。人間が偏ってしまうから」と言われたほど。でも、彼女を作ろうとしても相手の気持ちがわかってしまうので、「ああ、僕とは縁がないや」と思うことも多かったのです。

ところで、上杉謙信公の肖像画を見たことがあるでしょうか？　右手には戦いを象徴する軍配、左

15歳の頃より毎年訪れている新潟県上越市の春日山林泉寺にある謙信公供養塔。

手には数珠を持っています。命をかけて戦うことと仏の心……。相反するものを抱えながら生きていたことがわかります。戦の前には、心を落ち着かせるために毎晩、琵琶を奏でたといいます。音楽という風流なものを通して、自分をコントロールしていたのでしょう。その姿勢にも惹かれます。

謙信公は、「世が世であれば、お坊さんになっていた」とよくいわれます。この世で生きることに矛盾を感じながらも「最強」と謳われる名将。僕は大好きです。

ちなみに、NHKの大河ドラマ『天地人』で上杉謙信が注目された2009年。新潟県上越市が開催した「謙信・兼続」検定で、僕はトップの成績を収めました。勉強を一切しなくても答えられるほど、謙信公のことを調べ尽くしていたのです。

## 姉の死

姉は、僕が高校2年生のときに亡くなりました。その頃は新橋の慈恵医大病院に入院していました。病状が思わしくなく、家族は病院に泊まっていたのですが、僕は入試の模擬試験を受けるために金曜日に自宅に帰っていました。土曜日の朝、部屋を掃除していたら、父から電話がかかってきました。

「今、お姉ちゃんが心臓停止したから、覚悟して病院に来なさい」

「わかった」と言ったのだけど、僕はまだ、そんな気がしなかったのです。

午後、病院へ行く用意をしていたとき、玄関の扉がガタガタッと揺れて、玄関の中扉がバーンと開いたと思ったら、背中をボーンと突き飛ばされて転びました。

「あ、お姉ちゃん！　今、帰ってきた」

そう直感しました。時計を見ると午後3時45分。ほどなくして、電話が鳴りました。父からでした。

「お姉ちゃん、亡くなったから。3時45分に」

「うん。さっき、玄関から帰ってきたよ」

「そうか、先に帰ったんだな。じゃあ、仏壇に火を灯しておいて。あ、まだ、仏壇はないな。おばあちゃんにもらった観音さまに火を灯して、お線香を供えておいて」

「わかった。待っているね」

そこからが大変だったのです。昔のお通夜は夜通し、線香の火を絶やさないものでした。姉は葬儀場に運ばれたので、僕は寝ずに、ずっと姉の側にいました。朝を迎え、正午から本葬が行われます。

「あんた、ちょっと仮眠してきなさい」と母に言われて、僕は家に帰り、布団に入りました。朝の9時頃でした。不意にパッと目が覚めて、時計を見たら10時半。

姉が、布団の脇に立っていました。息を引き取ったときと同じ柄のパジャマ姿です。真っ昼間、モノクロではなく、カラーで、まるで現実のように、そこにいるのです。

「あ！　お姉ちゃん、行っちゃうの？」

涙があふれてきます。本当に、もうお別れなんだね。姉は手を振って、ふわーっと消えていきました。

僕は走って追いかけようと、2階の部屋から1階に降りました。すると、母がいて、目を真っ赤にして泣いています。でも、泣きじゃくっている僕を見た母は、驚いて聞いてきました。

「どうしたの？」

「お姉ちゃんが、いま来たんだよ！　僕に手を振って、行ってしまった……」

「そう。さっきまで、一匹の蝶が、ずっとお姉ちゃんの周りを回っていて、ここまでついてきたのよ」

母が言うには、姉の亡骸のそばを蝶が飛んでいて、母が帰宅しようとすると、蝶も一緒について来たというのです。葬儀場から自宅までは、歩いて5分ほど。到着すると、いつのまにか、蝶は見えなくなってしまった……。

「きっと、あの蝶がお姉ちゃんだったんだね」、そう母と二人で話したのです。

数日後、姉が小さかった頃、家庭教師のボランティアをしてくれていた女性から連絡がありました。以前、お世話になったお礼に母が指輪をプレゼントしていて、その指輪が割れたので、気になって電話をしたというのです。聞くと、指輪が割れた時間は、姉が亡くなった瞬間でした。姉が挨拶に行ったのでしょう。いわゆる、虫の知らせです。姉は、お世話になった女性に、お礼を言いたかったのです。

こうしたことは、たびたびありました。うちの親戚の間では虫の知らせは珍しいことではなく、誰かが亡くなると、「そっちも行ったか」「ああ、さっき来たよ」という会話を普通にしていました。

## 姉の一周忌のおばあちゃん

姉の一周忌の法要は自宅で行いました。親戚が集まり、おばあちゃんが仏壇に向かってお参りをしていました。すると、ロウソクの火がバチバチッと鳴り出したのです。お経を唱えていたおばあちゃんの声が、「うう〜〜あ〜」と変わっていきました。手が震え出して、声が太くなっていきます。

若い頃のおばあちゃんは、お寺でお参りをしていると、よく霊がのり移ってきたそうです。父や伯父さんから、その話を幾度となく聞いていました。だけど、僕と従兄たちは、年をとったおばあちゃんしか知らないので、そんなところは見たことがありません。いわば、伝説の出来事。しかし、これはもしや……!?

従兄たちと「これさ、なんか怖くない?」と言っていたら、伯父さんと父が目で合図を送ってきます。そして、

「おばあちゃんにのり移るから逃げろ。さがれ、さがれ!」と父。

「ぐわあああ〜〜」

始まった! ロウソクの火がババーッと揺れています。おばあちゃんは「ぐわっ、ぐわっ」と、咳

き込んで苦しみ出しました。

「水……、水をくれ！」とおばあちゃんが言います。といってもそれは、おばあちゃんに取り憑いた霊なのでしょう。

母がとっさに台所にあったサラダボウルに水を入れて、おばあちゃんに渡しました。それをゴクゴクと飲みます。当時60〜70歳ぐらいのお年寄りが、あっという間に、ボウルいっぱいの水を飲み干したのです。それにもびっくりしました。あとでわかったのですが、霊は水を欲しがるそうです。

僕はおばあちゃんを助けなくてはいけないと思い、「南無妙法蓮華経〜〜」と唱えました。従兄や伯父さんたちも一緒に。実は、おばあちゃんは自分で霊を追い出すことができるのですが……。やがて、霊がいなくなり、静かになりました。

心配顔で母が聞きます。

「おばあちゃん。今のは誰？　うちの娘かしら？　娘が、どうかなっているの？」

「そうじゃなくて、違う霊がきちゃったのよ。あの子は大丈夫よ」と言われて、母はホッとしたようです。

まっ昼間に、こんなことが起こるなんて……。それを目の当たりにした僕と従兄たちは、すごく恐かったのです。ところが、伯父さんたちは平然としています。

「こんなことは、俺らが子どもの頃はしょっちゅうあったぞ。おばあちゃんがお寺に行くと、すぐに霊がのり移っちゃうんだから」

「初めて見られたね。おばあちゃん、すごい！」と、従兄弟たちと伝説の瞬間に興奮したのでした。

## 毘沙門天のお告げ、再び

大学生のときの僕は、いわゆる「走り屋」を自称し、峠を愛車で攻めたりして、楽しく遊んでいました。そんなある日、また夢に毘沙門天が出てきたのです。


森の中に大きなお堂がありました。それを見たとき、ハッと思い出しました。「これ、昔、見た」と。中に入ると、とても大きな毘沙門天が、憤怒の形相でこちらを見ています。目の前に、お坊さまがいました。僕は「この方は、もしかして謙信公じゃないか？」と思いながら、声をかけました。

「すいません、お坊さま。一緒に拝ませてもらっていいですか？」

お坊さまは、首を少し下げて、ただ頷くだけ。

「僕、毘沙門天が大好きで、謙信公も好きなんです。拝みますね」

そう言って拝んでいたら、また外がざわざわしてきました。

「外が騒がしいので、ちょっと見てきます」と言って、扉の隙間から外を見たら、女の人や子どもたちが、「うう～」「ああっ～」と苦しんでいます。僕が扉を開けて外に出た瞬間に、口々に叫ぶのです。

「神さまだ！」「神さまー！」

「違います！　神さまじゃないです。僕は神さまじゃないです！」

「助けてください！」「助けてください！　うちの子が死にそうなんです」

次から次へと、人が集まってきます。

「ごめんなさい。僕は違います。お坊さま、どうしましょう」と思ったときに、

「あ、祈ることだ」と直感しました。

「祈りましょう。僕、祈るしかできないけど、一緒に祈りますから」

お坊さまに、そう言っていました。外からは
「お願いします、助けてください！」の声が響きます。

「お坊さま、いいですよね？　みんなを中に入れて、一緒に拝んでいいですよね」

そう言ったら、そのお坊さまがパーッと光って、

「今の気持ちを忘れるなよ。お前の元に将来、多くの人間が救いを求めてやってくるぞ。これは夢にして夢に非ず」

その言葉を残して、お坊さまは風のように去っていったのです。

## 毘沙門天、三度《みたび》

やがて、僕は社会人になりました。毘沙門天のお告げを覚えてはいるけれど、なにもできていない。働いてお金を持つようになり、仲間と飲みに出歩き、お告げのことを忘れる日々。

やがて、一人暮らしを始めました。そして、人生最悪といえる金縛りにあったのです。それもまた、とてもリアルな体験でした。

夜、寝ていると「今日はなんだか苦しいなあ」と思って目が覚めました。

「あ、金縛りだ」

僕のおなかの上にでっかい黒い影があって、ずんずんと僕を踏みつける。

「ううっ、苦しい」とうなりながら時計を見ると、夜中の2時半。うわー、丑三つ時‼

実は、僕が一人暮らしを始めたマンションは、ちょっと出やすい所でした。北側の角部屋で、霊の通り道だったのかもしれません。よく金縛りにあっていたのです。

「でも、今日のこれはヤバい。なんだろう?」と苦しんでいたら……

「なぜ、お前は私の霊言《れいげん》を聞かない?」と声が聞こえました。

あれ? 毘沙門天さま?

「お前には、生きている資格はない。お前がなぜ、この世に来たのかを忘れるな」

「は、はい、申し訳ございません。申し訳ありません‼」と謝るのですが、ダンダンと容赦なく、僕のおなかを踏むのです。う～、いててて……苦しい……。

「毘沙門天さま、僕はどうすればいいんですか？」

「お前には生きている資格がないから、今から地獄の亡者が迎えに行くぞ」

そう言われたと思ったら、両足をギュッと何者かに掴まれた！　痛いっ、痛いっ、ヤバいっ！　どうしよう⁈

「とりあえず祈ろう」と思って、毘沙門天さまのご真言を唱えました。

「おんべいしらまんだやそわか～。助けてください、助けてください！」

「まだだ、まだだ。まだ祈りが足りない。そうら、迎えにきたぞ」

いやです。うーっ、苦しい……。

「我が姿を思い浮かべよ」

我が姿……？　毘沙門天さまは、左手に宝塔、右手に鉾《ほこ》（宝棒）を持って、足もとには……、あ、鬼を踏んでいる。「鬼って俺だ！」と思った瞬間、

「ほら、気づいたか」と毘沙門天さまは、口の端を上げて笑っています。

「我が姿を思い浮かべよ！　さらに祈れ！」

「は、はい！」

もう、一生懸命、真言を唱えました。毘沙門天さまの姿を脳内にイメージし続けて。そして、それが金色に輝いたときに……。

「忘れるなよ。お前は多くの人々のために生きねばならない。これは夢にして夢に非ず」

そして、ヒューッと、毘沙門天さまは風のように去っていったのです。

目が覚めると、朝の5時半でした。ベッドに横たわる自分の姿は、両手は物を持ったように手を握りしめ、足は大地を踏みしめるかのよう。まるで毘沙門天、そのものです。起き上がって、まだ痛む足を見ると……両足には手で掴まれたような痣ができています。イメージの中で鉾を持っていた右手は、力を入れ過ぎて、手のひらに爪が食い込み、血が流れていました……。

夢だよね？　でも、痣がある。流血している。これはヤバい……。早朝でしたが、母に電話をして状況を説明しました。するると、窓を開けていないのに、冷蔵庫の上に置いてあった紙袋がバサーッと回り出したのです。うわー、出た！

「あんた、うちに帰っていらっしゃい」

「うん、帰る。すぐ帰る！」

そうして、マンションを出て駐車場に向かい、車に乗ろうとしたら、なにかおかしい。車に付けていた毘沙門天のお守りがないのです。車に乗り込んだら、突然、車体がガタガタと揺れ始めました。

「こりゃダメだ！」と、また母に電話をしました。

「お母さん、車が揺れた！　地震あった？」

「地震なんてないわよ。あんた、お姉ちゃんのお墓参りに行ってらっしゃい！」

もう怖くて、怖くて。姉のお墓にお参りして家に戻るときに、車の前を黒猫が横切ったのです。突然のことでよけられず、僕は黒猫をはねてしまった。真っ昼間、悪夢のよう。ところが、車を降りて周囲を見たら、何もない。猫もいなければ、車も傷ついていませんでした。

「ああ、大丈夫だったか」と胸をなで下ろして、座席に戻ろうとしたら、座席の上に何かある。……毘沙門天のお守り。

「ああ、救われた」

毘沙門天さまに救われたのだ。それ以来、心の中にずっと、「いつかは、やらなくてはいけないのだな」という思いを抱えたのです。

今にして思えば、この出来事が、霊媒師になるための本当のスタートだったのかもしれません。

## 父の会社の倒産

大学を卒業後、僕は父の会社に就職しました。父が興した土木建設の会社です。しかし、それから間もなく、僕が26歳のときに会社は大きな危機に陥り、なんとかしようと奔走しましたが、その甲斐なく倒産しました。

人のいい父は、他人の借金を肩代わりしたりして、やがて借金で首が回らなくなりました。お金を返済するため、いわゆるサラ金、今でいう消費者金融に手を出しました。そのお金を回収しようとする怖い人が連日、家に来るようになりました。

府中の一等地にあった自宅は抵当に入っていたので没収され、家族はバラバラ、一家離散です。それからは、返済のために仕事をする日々でした。僕は「2001年借金の旅」と呼んでいます。

会社が倒産したとき、仲が良いと思っていた人たちは皆、離れていきました。「倒産したのはお前のせいだ」「お前がいたのになにをやっていたんだ」「息子が会社をつぶした」と口々に言うのです。

その後、僕は29歳で社長になりました。父のがんが発覚し、治療に専念してもらおうと会社を引き継いだのです。徐々に業績が好調になると、去っていった人たちが近づいてきました。さんざん陰口を言っていたのに、手のひらを返したように仕事を請うて僕にペコペコと頭を下げるのです。その態度を見て、僕は冷ややかな気持ちになりました。

「まるで戦国時代だ」

強い者には人が集まり、弱ければ去っていく。戦国武将が強くあり続けなくてはいけなかった理由が、わかるような気がしました。まさに、この世は無常です。

実は、会社が倒産したとき、父と一緒に死のうと考えました。

「恥ずかしいから、死のう。こんなつぶれた会社、借金しかないし……」

「冗談じゃない！　なんとしても、俺は生き延びてやるんだ！」

父は僕を一喝し、再生への意欲を見せました。「じゃあ、いいか」と思って、僕も命を絶つ考えはやめました。あのとき、父が「そうだな、もう疲れたな」と言っていたら、そうしていたかもしれない……。それくらい、僕は生きることが面倒になっていたのです。今の自分とは大違いです。

世の無情を痛感し、死まで考えた虚無感。こうした体験が霊媒師となった自分の糧になっていると思っています。

## 座敷童がやってきた

話は少し前後しますが、会社が倒産する直前、父が山梨県に所有していたリゾートマンションを片付けに行きました。

「これも借金のカタに取られるのか……」と思いながら掃除をする間も、この先がわからない不安で、僕は絶望的な気分でした。

僕の友だち二人とうちの社員と父、僕の５人でした。２０００年、僕は25歳でした。

ひと通り片付けて、「今日はもう寝よう。明日の朝、車に荷物を積み込んで東京に帰ろう」と夜は早めに寝たのです。

細長いワンルームマンションで、玄関を入ると左側に小さなキッチンがあり、部屋に入る中扉はガラス張りでした。ベッドには父、ソファベッドは社員、友人二人と僕はこたつで休みました。友人は父が寝ていたベッドのほうに頭を向け、僕は玄関のほうに頭を向けて寝入りました。こたつの中で、友人と足がぶつかっている感覚がありました。

ふと、目が覚めたのです。

「いびきがうるさいな、オヤジかな?」と思ったら、父は動いていない。

「ヤバい、これは金縛りか? 今日は疲れているから、怖くないほうの金縛りかな? じゃあ寝るか」

そう思ったら、キッチンのほうから子どもたちの声が聞こえる。

「きゃっははは〜」「きゃは〜〜」

あれ、誰か来たのか?と思ったら、部屋の中扉がギーッと鳴って開いたのです。

たんたんたん……。足音が聞こえ、近づいてくる気配を確実に感じました。僕の枕元、頭の近くに、子どもの気配を感じるのです。

「わー! 来た、来たー!!」

足音が止まった。すると耳元でささやく声が……。

「後ろにいるよ。座敷童がいるよ」

女の子の声でした。

「大丈夫だよ。必ず助かるよ」

たんたんたん……。足音はキッチンのほうに帰っていきました。

なんだったんだ？　でも、大丈夫なのか？　会社は、なんとかなるのか？　絶望の底にいた僕に、一筋の明かりが見えた気がしました。金縛りにあいながらも……。


このことは、ずっと誰にも話しませんでした。そうしたほうがいいような気がしたのです。その後、時間はかかったけれど会社を立て直すことができたのは、このときの座敷童のおかげだったのかもしれません。

座敷童に会ったのは、その一度きり。そのあと、会いたいと思っても来ない。きっと、僕が純粋な気持ちでいたから助けてくれたのだろうと思っています。座敷童はどこにでもいるけれど、でも「会いたい」と欲を持ったら会うことができないのでしょう。

ずっと胸に秘めていた言葉を伝えたい。

「座敷童よ、ありがとう」

## 父の死、魂の不滅

30歳のとき、父を看取りました。がんを患い入院していたのですが、朝、体調が急変したと連絡があり、急いで病院に駆けつけました。最期の瞬間は、今でもリアルに覚えています。

病室には、僕と母、親戚がいました。僕は父の手を握っていました。

「人のお世話をするのが好きだったのに……、お世話になりっぱなしで……」

父はきれぎれに続けました。

「なにも、返せなかった……の、が、……つらい」

その言葉の後、しばらくすると、父の意識が薄れていきました。「いよいよだ」と覚悟をしたそのときでした。父は僕の手をつかみ、もう片方の手で僕の肩をグッと押さえて引き寄せ、その反動で起き上がる感じが、僕の体に伝わってきたのです。驚いていると、ふわりと感覚がなくなりました。

「あっ、今、父が出ていった」

そう、確信しました。もちろん、肉体はベッドの上にあります。でも、確かに父が出ていくのを感じたのです。つまり、魂が肉体から離れたのです。

人は息を引き取る瞬間に数グラム、体重が減るといいます。それは魂が肉体から出た瞬間だと考えられています。まさに僕は、それを父の看取りで実感したのです。父を失う悲しみで泣いていたのに、それは感動の涙に変わりました。

ほどなく、医師が病室にやって来ました。僕は思わず、言っていました。

「先生、今、父の魂が体を出ていきました」

医師はポカンとしていました。でも、僕の身内は誰も驚きません。

そのあとも、しばらく病室にいた僕は、「父がいる」と感じました。部屋の上のほうに存在を感じる。天井を見て、「ああ、側にいるな」と思ったのです。

そして、僕は死が怖くなくなりました。人が死を恐れるのは、なにもなくなってしまうと思うからでしょう。でも、僕ははっきりわかりました。たとえ肉体が滅びても、魂は残る。姿が変わるだけで、魂は生きているのです。

それからしばらく、四十九日までは、父を近くに感じました。その後は、お盆にやってくるし、夢にもたびたび現れて、仕事の相談にものってくれます。

まだ霊媒師になることを考えていなかった僕でしたが、「人の魂は不滅なのだ」と自分が体験して、しっかりと心身に刻み込んでいくのです。

## 父が見せてくれた三途の川

父が亡くなった翌年、２００６年に新盆を迎えました。たしか、お盆の送り火の夜、８月16日だったと思います。夢の中に、父が現れました。30分ほどの出来事でしたが、映像を見るように記憶がはっきりしています。

「お父さん。今の会社の状況は、こうなんだ。将来、会社をどうしたらいいのだろう？」

「こういうときはこうしなさい。こういうときはこうしなさい」と、父からたくさんアドバイスを受けました。

「ありがとう。俺、会社、頑張るよ」と僕は気持ちを新たにしました。

「そろそろ行かなくちゃいけない。時間だから。また来るからな」

「お父さん、どこへ行くの？」

「お前が来てはいけない世界だから」

「だって、これは夢の中でしょう？　俺も行くよ！」と言ったら、

「来てはダメだ！」

ふわーっと父は消えていく感じになって、目の前にあった襖が閉まりました。父はこの先にいるの

だろうと思って、襖を開けると……。死装束を纏ったたくさんの人々が、一定の方向に歩いていました。父は振り返らず、その列の中に入っていきました。

「ヤバい！　みんな、お盆が終わって、あの世に帰るんだ」と思ったとき、くしゃくしゃの顔をしたおばあさんと目が合いました。４人くらいのグループです。

「見て～、生きている人を見たわ！　ひさびさ～～」

「ねえ、あなたもこっちに来てよ。私たちの話を聞いて」

「私たち、バスで事故に巻き込まれたのよ～」

そう言って、僕に近寄ってきたのです。なんだ、これは、怖い！

慌てて襖を閉めたら、目が覚めました。

なるほど、親父が「こっちに来てはいけない」と言ったはずだ。多分、そこは黄泉比良坂《よもつひらさか》、あの世へ通じる道だったのでしょう。

翌年のお盆にも、父はまた、夢の中で僕の前に現れました。

「去年、お父さんが帰ったあと、こんなことがあって。あれから、襖が怖くてさ」

「だから、来ちゃダメと言っただろう。今日も俺のことを追いかけちゃダメだぞ」

「もう帰るの？　もうちょっとだけ送るよ」

「ダメだよ」

そんな会話をしながら、父と二人で夜道を歩いていたら、だんだんと父が離れていきました。ふわーっと、その姿が薄くなったと思ったら、ドーッという轟音とともに足元に水が流れてきました。

「なにこれ？　ヤバいよ！」と思ったら、どんどん水が増えて、まるで川のように流れていきます。

「お前はそっちへ行け！」

父の声がして、水から引き離されるようにポーンと、僕は対岸に放り出されました。川は大きく広がって、向こう岸には死んだ人たちがたくさん立っていました。

これは、三途の川……⁉　父が手を振っているのが見えました。

「お前は、そっちへ行け！」

「わかったよ！　俺、頑張るからねえ～」

そう叫びながら、僕も手を振り返しました。

そうして、目覚めました。三途の川を疑似体験した僕は、仕事への決意と覚悟を新たにしたのです。

父はそれからも、僕が迷い、悩むときに夢に現れて、僕の話を聞いてはアドバイスをくれます。それは、今も続いています。

# 第2章

## 迷いと決意

―スピリチュアルを意識して―

## 「あなた、本物よ！」

会社を経営している僕は、霊媒やスピリチュアルを仕事にするつもりは全くありませんでした。でも、子どもの頃からの能力があるのは確かで、「このままでいいのかな？」という思いが常にあったのです。

2010年の夏、ポルトガルに滞在していた高校時代の友人から連絡がありました。

「こっちでは前世療法っていうのがあってさ、面白いからお前もやってみろよ！　俺も興味があるから、日本に戻ったらやってみる」

なんでも彼が言うには、ヨーロッパでは心理カウンセリングのひとつとして前世療法が行われているらしい。なんだか面白そうだと思って、「じゃあ、お前、誰か紹介しろよ」と僕は言いました。

帰国した彼に紹介されたのが、都内と湘南にルームを構える、あるスピリチュアルカウンセラーでした。

そこで受けたのは「退行催眠（ヒプノセラピー）」というもので、自分の過去に遡って、前世をイメージで体験できるというもの。初回は、説明を含めて2時間コース。昼の11時に行って、まずは1時間ほど話をしました。

「僕、子どもの頃から毘沙門天が夢に出てきて『お前は多くの人を救え』と言われたり、金縛りがすごかったりするんですよ。苦しいほどで、血を流したこともあって……」

僕がそんな相談をすると、カウンセラーの女性はクスッと笑うのです。

「そうなの～。はいはい、じゃあ、退行催眠をかけてみましょうね～」

軽くあしらわれても、僕は全然気になりません。「前世が上杉謙信公だったらいいな～」なんて思いながら、どんな過去が見えるのか、ワクワクと期待が高まります。

仰向けになってリラックスした状態で、ゆっくりと呼吸をしていきます。カウンセラーの言葉に沿ってイメージをして、自分の過去へと遡っていきます。

「では、今年の誕生日に戻ってみましょう。どう過ごしていましたか？」

そう聞かれたとき、「え？　プライバシーの話をするの、いやだなあ」と思ったのです。僕と同じ年くらいの女性のカウンセラーだし、なんだか恥ずかしいな……。

その瞬間、脳裏にパッと父が現れて、こう言ったのです。

「ここで本当のことを話さなかったら、お前の人生は全然意味がなくなるぞ」

なぜ、ここで突然、父が出てくるのか不思議に思いながらも、「父が言うこともっともだな」と思って、「誕生日は、母とこんな話をしました」と、具体的な家庭の話をしたのです。

すると、ぶわーっと一気にイメージの画面が切り替わって、いきなり小学生の頃にタイムスリップしました。忘れていた記憶が次々と甦ります。昔、住んでいた府中の駅前のマンション、そこに姉がいて、父がいて、母がいて。大好きなおばあちゃんと過ごした時間……、どんどん思い出して、僕は号泣しました。死んだ人たちがいて、懐かしくて……。でも、その後は記憶がなくなりました。通常は退行催眠をしても、意識はちゃんとあるのですが、僕は眠ってしまったようです。


「目を覚ましてください！」

カウンセラーの声で、僕は目を覚ましました。

「終わったのか。すっかり眠ってしまったな。帰りは、昼ご飯をどこかで食べていこうかな。ああ、気分がやけにすっきりしているな」と思ったのです。

ところが、自分では1時間くらいのつもりが、なんと7時間も経過していました。その間、トイレの近い僕なのに、一度も起きなかった……。見ると、カウンセラーは汗だくで、メイクが崩れるほど。さっきとは打って変わって、真剣な目で僕を見ています。

「あなた、本物よ！」

そう言われても⁉　僕の前世は、なんだったの？

「あなた、本物よ。どうするの？　こっちの世界に早く来なさい」

「こっちの世界？　スピリチュアルのこと？　無理だよ、会社をやっているし。無理、無理、やらない」

「あなたねえ、それは神に対する冒涜よ。あなたは呼ばれているのだから、その能力を使いなさい」

「ん～、じゃあ考えますよ」

いきなり「本物だ」とか言われても、なにがなんだかさっぱりわかりませんでした。実はこのとき、退行催眠の様子をカウンセラーが録音してくれていました。それを後から聞いた僕は、びっくりしました。確かに僕の声なのですが、自分では全然覚えていないのです。

僕の話の中には、いろいろな神さま、毘沙門天や日蓮聖人など、さまざまな人物が出てきて、そうした人たちから、こう言われていたのです。

「お前は、こっちの世界に進むべき人間だ」

## 僕の前世

そのあと、このカウンセリングルームに何度か通い、イメージの中で自分の前世を、リアルな実感を伴って体験しました。前世の記憶はひとつだけではなく、いくつもありました。

縄文時代と思われる記憶では、現在の父といっしょに丸木舟を作って漁に出ていました。その丸木舟では、強烈な獣臭がしたのです。舟なのか衣類なのか、どこかに動物の皮を使っていたのでしょう。

別な時代には、ポルトガル人として海に出ていました。ヒプノセラピーを教えてくれた友人といっしょでした。今の僕がたくさん旅をして、地図を読むのが得意なのも、これとつながっているのだろうか？

またあるときは、ローマあたりで、大衆を前になにかを訴えている男。ところが、何者かに右の背中を刺されて殺されてしまう。それは、腎臓のあたり。僕が今、腎臓の病気を患っているのも、この前世と関係しているのか……。

最も最近の前世では、第一次世界大戦の頃、ヨーロッパの女性でした。大勢の男性に犯されて、最後は殺されてしまう女性……。戦場で泥だらけになって、汚れてしまった自分がイヤでたまらなくて、疲れ切っている女性。割れた鏡に映る悲しい表情の自分を、虚しい気持ちで見ている。そのイメージが、今でもリアルに感じるのです。実は、子どもの頃から、これに似た夢を何度もみていました。

いったい、僕はどれだけの人生を生きてきたのだろうか？　魂は、それを覚えているということなのか？　自分が今、抱えている状況とつながる部分があり、驚くとともに、なんだか腑に落ちるとも感じました。

## ユタとの出会い

そんなある日、カウンセラーが言いました。

「あなた、沖縄に『ユタ』って呼ばれる人がいるの、知っている？」

「沖縄の霊媒師ですね。そういう人がいることは知っていますよ」

僕は中学生の頃から旅が好きで、日本一周を4回しています。だから、全国各地の情報を知っていて、沖縄のユタについても知識だけはあったのです。

「あなた、沖縄に知り合いがいるでしょ。あなたを導くから、ユタに会いなさい。有名でなくて、すごい人がいるはずだから」

帰り道、石垣島に住んでいる友人に電話をしました。

「俺さあ、こういうふうに言われたんだよね。インチキなんじゃねえの？」

「君は中学生の頃から霊感があるし、いいんじゃない？　ただ、すごいユタがいるらしいけど、一般人は会えないから諦めて」と友人。

「諦めて、じゃなくて、会えって言われたんだからさ、お前、なんとかしろよ」

「じゃあ、一応、探してあげるよ」

1カ月後、友人から電話が来ました。

「見つけたよ！　普段会ってくれないから、お前が直接、電話してくれ」

「えっ？　俺が電話するの？」

「そうだよ、後はよろしくな」と、友人は相手の電話番号だけを告げると、電話を切りました。

僕は、ドキドキしながら電話をかけました。人生初の、ユタへの電話です。

「もしもし……」

「はいはい、だあれ、あんた？」

「わたくし、東京の……」

僕が名前を名乗る前に、ユタは言いました。

「あ、あんた、神さまと縁がある子だ。あんた、私と会う運命だから、おいで」

もう、それだけでよかった。ユタには、会う人がわかっているのです。

そうして、2月11日に沖縄を訪ねることが決まりました。すぐに飛行機のチケットを手配して、紹介してくれた友人にも連絡しました。彼や彼の家族も、ユタに会ったことがないから興味津々です。

沖縄へ行くのを待つ短い間に、また不思議な出来事がありました。

## 高島易断に「晄進」の名をいただく

「霊のこと、スピリチュアルをやろう」と思った僕は、「じゃあ、まず名前を決めよう」と考えました。

「名乗って、そのものになっていく」というのが僕のポリシーです。

といっても、知り合いもいないので、長年の歴史があり、個人の鑑定もしている高島易断に電話をしました。運勢暦で有名な団体です。2011年1月のことでした。

「どういったご用件ですか？」

電話に出た男性に言われ、「霊媒師」という言葉が気恥ずかしいと思いながら、「霊媒師をやりたいのですが」と意を決して言うと、

「ああ、そうですか……では、空いている日時を確認しますね」

そう言って、男性はクスッと笑いました。

「そうですよね。笑っちゃいますよね～。僕、2月3日の午後2時しか空いてないんです」と僕も言いました。

すると、雰囲気が一変しました。

「あなた、呼ばれましたね。では、その時間にいらっしゃってください。象英《しょうえい》先生が、その時間だけ空いています」

なんでも高島易断で一番偉い、執筆責任者の高島（現・井上）象英先生が、その日、その時間だけ、ずっと予約が埋まらずに空いていたというのです。まるで、誰かからの連絡を待っていたかのように……。

2月3日、東京都台東区にある高島易断を訪ねました。先生は会った瞬間、

「あなた、有名になるから。私が名前を付けてあげましょう」

「え？　僕、有名になるのですか？」（まだなにもしていないけど……）

「あなたは絶対、有名になるよ」

そうしていただいたのが、「晄進《こうしん》」という名前です。本名の「進」の文字を入れてくださいました。

## ユタに導かれて

2月11日、沖縄のユタの家へと向かいました。「ユタ」とは、沖縄や奄美諸島で暮らす、霊的な能力を持つ霊媒師。シャーマンとも呼ばれます。

一軒家の庭に入るとコーギー犬が来て、しっぽを振って、僕の周りをぐるぐると回っています。すると、おばあちゃん、つまりユタ本人が出迎えてくれました。

家の中には神棚と仏壇が一緒に祀られていました。沖縄らしい光景です。でも、目の玉が欠けた福助人形が飾ってあったり、ちょっと異様にも感じました。まるで、テレビの心霊番組みたいだ……。

ユタはソファに座って、僕はその隣に座りました。すると、いきなりユタの右手が震えだしました。今、霊を呼んでいるのかな?と思ったら、

「おい、お前は何をやっているんだ!」と言い出しました。

「誰ですか?」と聞くと、僕のおじいちゃんが出てきたと言います。

僕は、ユタの実力を試す意味もあって、自分の名前と住所しか伝えていませんでした。年齢も家族

構成も、何も言わなかったのです。

「おい、お前、40万円の金がなんだ！」と、いきなり言い出しました。

「なんですって？」

「お前のおじいちゃんがな、そう言っている」

実は、退行催眠を学ぶための費用が40万円で、高額なのでインチキではないかと、ユタに聞いてみようと思っていたのです。なぜ、それを知っているの？　怖くなりました。

「お前のおじいちゃんは、南の島で戦死しているんだなぁ」

「はい、パプアニューギニアで亡くなっています」

「うん、今、お前のおじいちゃん出てきているぞ。お前は、こっちの世界に来る人間だから、ちゃんと修行して立派な霊媒師になりなさい。おばあちゃんにも、そう約束しただろう？」

「は、はい……」

僕は早くも泣いています。怖くて、怖くて。やがて号泣に変わりました。

「あと、なにか言っていますか？」

「おじいちゃんは北関東の方言だな」

「いえ、うちはおじいちゃんもおばあちゃんも、東京の築地の出身です」

「違うよ、北関東だよ」

実は、あとで調べたら、祖父の本籍は茨城県だったのです。

「お前は、天高く昇る虎、寅年だな」

「いや、僕は昭和50年生まれでウサギ年ですけど」

「お前は節分の前に生まれているだろう？」

「はい、1月28日生まれです」

「だから、お前の運命は寅年だからの」

僕は何も言っていないのに、どんどん言い当てる。怖い。本当に怖い。うちのおばあちゃんもすごいけど、この人もすごい。怖くて涙が止まらない、早く帰りたい……。

「ああ、お前は特殊な建設機械を使っている建設屋か。いろんな所で工事をやっているな？　お父さんは……かわいそうに、5年前に他界したのう。中年だったか。いい男だなあ」

確かに、父は5年前に亡くなっています。目鼻立ちがはっきりとして、外国人みたいな顔立ちで、よく「谷隼人みたいだ」と言われていました。

「紺の作業着を着て、今もお前の会社にいるぞ」

父は紺の作業着しか着たことがない。これは本当だ！

「お前は神さまに守られているのお。なんで、お前は会社に入り口が二つあるのに、お札をひとつしか祀っていないのか？」

会社と倉庫に入り口があるので、会社の入り口にはお札を貼っていましたが、もうひとつは倉庫だから貼っていなかったのです。それも、全部わかっている……。

「ああ、かわいそうに。お前は17歳のときに、亥年の姉を亡くしたんだな。きれいな子だったな……。お母さんは午年か、そうか」

探偵でも使ったんじゃないか？っていうくらい、すべてが当たっている。

1時間ほど経った頃、お弟子さんが来られて「先生、時間が過ぎています。そろそろやめてください」と止めに入りました。高齢でもあり、普段は30分しか対面しないというのです。ところが、「いいんだ。今日は東京から神さまと縁がある子が来て、めでたい日だから。私は気持ちがいい」と制してくれたのです。

「いいか、私たちの神さまは、海と太陽の神さまだからね。その人たちが導くんだよ」

そう言われたことを、今でも覚えています。最後に秘密を教えてくれました。

「なんでお前を信じたか、教えてやろうか。コーギーちゃんがお前になついていたからだよ。あの子は、特別な方からの贈り物なんだ」

実際、次に相談に来た人は、コーギー犬にものすごく吠えられていて、ウーッといううなり声が、この部屋まで聞こえていたのです。

「な？　あいつは隠しているけど､遺産相続で人をだまそうとしているんだ。3日前に身内が亡くなっての、その相談じゃ」

別れ際、ユタは車を停めた所まで、わざわざ来てくれました。

「お前はわかっているな。お前は霊感が強すぎるから、取り込まれるんじゃないよ。情をかけるんじゃないよ」

そう言って、見送ってくれたのです。

確かに「男性はスピリチュアルカウンセラーに向かない」と、よく言われます。男性は相手に対して欲や情が入りやすいからです。一方、女性は相手に対して割り切って接することができるといいます。

「ありがとうございます。大丈夫です」

この日、僕は決心しました。

「僕は霊媒師になる。霊媒師として生きる」と。

## ご託宣と夢の違い

ご託宣とは、神社でいうところのお告げ。神さまが人にのり移ったり、夢の中に出てきたりして意思を知らせること。いわば「霊感のある夢」とでもいいましょうか。夜、眠ったときにみる夢とは、明らかに違います。

僕は、霊感のある夢は明け方にみることがほとんどです。深夜3時から明け方の5時くらいの間です。僕は普段から、目が覚めるとビデオデッキのデジタル時計を見る習慣があるのですが、金縛りの最中にも、時計を見て時間を覚えていることがあります。

また、金縛りには、脳の現象と霊的なものがあり、この二つは明らかに違います。

脳の現象の金縛りは、心身が疲れているときに起こります。体は疲れて休んでいるけれど脳は眠りが浅く、脳だけ目覚めて、錯覚を起こすのだと考えられます。また、病気で金縛りが起こることもあるようです。僕はその場合、印象がもわっとして曖昧で、ただ「怖かった～」というぐらい。

一方、霊的な金縛りは、見たものや感触がはっきりと印象に残っていて、目が覚めてからも記憶があります。被写体がはっきりした映像を見ている、実際に体験している感覚です。

ただ、霊的なものがすべて非科学的だとは、僕は考えていません。現在の科学では解明されていないだけで、人間の目には見えない仕組みのようなものがあるのだと思います。この考えについては、あとで説明しましょう。

## 父の言葉「中道を行け」

父は亡くなったあと、たびたび僕の夢に出てきて、話をするようになりました。そして、僕が霊媒師として進むことを報告した際、父からこう言われました。

「霊媒師と会社の経営、どちらかではなく、両方をやりなさい。会社経営だけをやったらお前は、倒産したことやそのあとの復讐心でどこまでも昇るだろう。会社は大きくなるけれど、人の心は離れていってしまう。でも、霊媒師だけを専門にやるんじゃない。人の心の醜さを知りすぎているお前は、やがてなにもかもイヤになって、世捨て人になってしまうだろう。だから、会社と霊媒師の両方をやって、バランスをとるのだ。中道を行きなさい」

そのときの僕は、父が言う「中道」の意味がわかりませんでした。その後、いろいろな研究や学びのなかで、お釈迦さまが「中道を行け」という教えを残していたらしいと知ります。

会社の経営は「利益を上げよう、もっと大きくしよう」など、お金や欲でドロドロの世界。その一方、霊媒やスピリチュアルは、心を大切にして、目に見えないものを信じる世界。

確かに、父の言う通りです。儲け話があれば心が動き、一方でなにもかも面倒くさくなって、すべてを捨てて旅に出たくなることがある。それが僕です。さすが我が父は、僕のことをよくわかっています。

そして、この二つは、自分でも使い分けが大変です。しっかり切り替えるため、スピリチュアルカウンセリングをする前は、霊感を高めるために食事を抜いて、白装束に着替えて、時間が許すときは水で体を浄めてからクライアントさんに会うようにしています。

ところで、僕は会社を経営しているので、霊媒師として生計を立てているわけではありません。しかし、無料でカウンセリングをすると、クライアントさんも僕も、お互いに緊張した関係を築きにくくなってしまいます。

そこで、おばあちゃんがいただいていたのと同じ金額、五千円を浄財としていただくことにしています。この浄財は、さまざまなところへ寄付しています。それは僕にとってもクライアントさんにとっても、社会への還元につながると思っています。

# 第3章

# 試練

## ―僕は「霊媒師」になっていく―

## 霊媒師のイメージは？

霊媒師になろうと決意した僕は、機会があるごとに人の守護霊をみるようになりました。といっても、自分から積極的に声をかけなくても、多くは守護霊が僕に語りかけてくるのです。序章の夜の店でのエピソードも、そのひとつです。そうした人から、「私もみてほしい」「友人から聞いた」「家族をみてほしい」「会社の人が相談したいと言っている」……と、どんどん口コミで広がり、この10年間で、600人以上の方々のカウンセリングをしました。

さて、霊媒師について、あなたはどんなイメージを持っていますか？　昔、僕のおばあちゃんが若かった時代には「拝み屋」などとも呼ばれていました。いまどきの言い方では「スピリチュアルカウンセラー」です。

霊媒師は、霊的（スピリチュアル）な感覚を持ち、ご先祖さまなど、その人にゆかりのある霊を降ろして、霊と会話ができる人。僕は、そう思っています。

霊媒師としてカウンセリングをするとき、大事だと思っていることがあります。それは「自分の気持ちに素直になること」。

霊は、私たちの想像を超えた、にわかには信じられないことを伝えてくることがあります。

「え？　そんな嘘みたいなことがあるもんか」と思ったら、もう霊が見えなくなります。だから、自分には信じられないことでも、クライアント（相談者）さんにちゃんと伝えなくてはいけません。

「あなたの守護霊は、こう言っていますよ。あなたに、これを伝えたいそうです」

僕は、霊からの伝言を伝える、いわばメッセンジャー。それを忘れないようにしています。

自分自身が素直でいるためには、自分の直感を研ぎ澄ますことが大切です。といっても、特別なことではありません。ふと感じる「ひらめき」のようなものです。例えば、「今日は、なんだかイヤなことがありそうだな」と感じたら、素直に出かけるのをやめる。「ああ、あの人、どうしているかな」と頭に浮かんだら、すぐにメールやLINEで連絡してみる。……などなど、日常のあらゆるシーンで直感を意識しています。

## 恐山で出会った老夫婦と5歳の子ども

霊媒師を名乗るようになって、2、3年経った頃の話です。僕は旅がしたくなり、青森県の恐山《おそれざん》に行きました。日本屈指の霊場ですから、自分の霊媒師としての武者修行も兼ねていました。

駐車場から三途川《さんずのかわ》にかかる赤い太鼓橋を渡り、恐山に入山しました。いくつものお地蔵さんが並び、たくさんの風車が回っています。子どもが地獄でも遊べるように、という意味があるといいます。血の池地獄や賽の河原などを巡っていると、僕の前を老夫婦が歩いていました。

すると、奥さまの後ろにフワッと、子どもが現れたのです。後ろをピッタリとくっついて歩いていて、「5」の数字を感じたので、5歳だとわかりました。そして、その子どもが老夫婦の孫ではないことも伝わってきました。「ご夫婦はこの子の供養のために、ここに来たのだな」と感じたのです。

僕は、思わず声をかけてしまいました。

「5歳の男の子を亡くされたんですね」

ご夫婦はびっくりして、僕を見ました。

「わかるんですか?」と聞いてきた奥さま。その途端、ポロポロと涙が頬を伝います。

「気持ち悪い！　なんだ、おまえは！」とご主人。

「すみません。見えてしまったものですから。でも今、一緒についてきていらっしゃいますよ」と見えたものを伝えました。

「気持ち悪いから向こうへ行こう」と、ご主人は奥さまを連れて離れていってしまいました。少し経った頃、奥さまが走ってこられました。

「あの子は、あの子は、元気でいますか?」

「5歳のままで、今、一緒にお花を手向けていますよ」

「ありがとうございます」

ハンカチで目を押さえ、深々とおじぎをされて、奥さまは去っていきました。ご主人も気になっていたのでしょう。離れた所で、こちらをちらちらと見ています。

こうして、近くにいる人の霊が、自然に見えてしまうことがあります。今も子どもを気にかけるご夫婦に「お子さんは近くにいますよ。ちゃんとあなた方の、親の愛を感じていますよ」と伝えたいと思ったのです。

その日、僕が恐山に行ったのは、この夫婦に会うためだったのだな、と実感しました。出会うべきタイミングで、出会うべき人に会う。偶然ではなく、必然です。こんなとき、自分は「あてがわれている」と意識するのです。

## 修験で死生観が変わった

僕は何度か、修験《しゅげん》を体験しました。そして、修験を経て、「生まれ変わる」ということを実感しました。死と隣り合わせの修験は、一度死んで（死んだつもりで）生まれ変わるという、自分の浄化につながる体験です。

初めて修験をしたのは、滋賀県の飯道山《はんどうさん》。数名で、山伏が往くような崖を登り、「六根清浄《ろっこんしょうじょう》、六根清浄」と唱えながら進みました。当時、体重が130キロもあった僕は、先達についていくのがやっと。いえ、完全に遅れをとっていました。

「あとからついて行きますから、皆さん、どうぞ先に行ってください」

そう言うけれど、それは認められません。

「ダメです、みんなで行きます」とサポート役の先達。皆さんが、休みながら待っていてくださいました（あとで聞いたら、いい休憩になっていたそうです）。

張り出した岩場を太い鎖を頼りに歩き、ぜいぜいと息を上げながら追いかけました。

「君が落ちたら、俺も一緒に落っこちてしまうな。下を見ないで、落ちないように頑張って」と先達。

切り立った崖を進むときには、足元を見るのではなく、足先を細かく動かして岩場を探り、足がかるところを足先の感覚で探しながら、歩を進めるのです。踊り場のようなスペースに到着しても、安心して飛び降りてはいけません。急に力が加わると、岩が崩れる可能性があるからです。しかも、この修験では同じ道は通れないので、岩場をぐるりと遠回りをして進みます。

「覗き」といって、張り出した岩の先端に這いつくばって、下を見る修行がありました。下を覗くときは、体をロープで括り、ほぼ吊るされた状態です。まるで死と隣り合わせ。その恐ろしさを体験して死を覚悟し、そして、再び生まれ変わるのです。

滝行は何度もしました。いつも命がけです。自然の滝で行いますから、その都度、状況が違います。当然ですが、安全な滝などありません。日によって水量が多かったり、枯れ枝などがたくさん降っていたりすることもあります。

「上を見なさい。目を開けて、上を見なさい」と先達。最初に滝に打たれたときは、水圧が強くて目を開けられませんでした。頭のてっぺんで水を受けると脳しんとうを起こすので、額で水を受けるように言われます。少しずつ水に慣れたら、祝詞《のりと》や毘沙門天の真言などを唱えます。集中してくると、水を冷たく感じなくなり、やがて無になる……。

36歳のときに初めて滝行をして感じたのは、ものすごく浄化された、ということ。

「怖い！　どうしよう、なんで俺、こんな所に来ちゃったんだろう」と心では思っている。でも、同時に爽快感もある。死を身近に感じながら、気持ちよくもあるという不思議な感覚です。

怖いものがなくなる気がしました。死を身近に感じたことによって、生きていることをより実感できるようになったのです。

滋賀県甲賀市にある鶏鳴（けいめい）の滝で修行。

修験の体験をすることで、一度死んで生まれ変わる。自分自身が浄化されて、すごくクリアになる。生きていることがありがたく、命に対して謙虚になるのです。

## ウェルカム霊感

霊媒師になると決めた2010年末、そして、翌2011年。その覚悟を試されるような出来事が、いくつも起こりました。僕は皮肉も込めて、その頃のことを「ウェルカム霊感」と呼んでいます。

僕は、もともと考古学が好きで、大学でも学び、遺跡発掘にも参加する研究員です。だから、さまざまな出来事について科学的に考える、ものごとを疑う目を持っています。しかし、霊的なことを疑うたびに、これでもかこれでもかと、霊的なものを肯定することが起こり、教えられるのです。

それはまるで「迷うな。道を違わないようにしろ。正しい道を行け」と導かれているようでした。

正しい道に行くためには、二つの方法があるのでしょう。道を誤りそうになると、やさしく穏やかに道が正されていくタイプと、ガツン！と強烈に軌道修正されるタイプ。僕は後者でした。

退行催眠を受けるたびに、「僕のこの前世、本当かよ〜?」と思っている自分がいました。しかし、腎臓の病気のこと、子どもの頃から何度も見ていた夢との符合、そして、なにより五感が鮮明に覚えているリアルな感覚は、今の自分が単に想像したものだとは説明がつきません。

そして、また突然、ウェルカム霊感がやってくるのです。

## 東京スカイツリーと子どもたち

２０１２年、東京スカイツリーが開業したときのこと。東京・東久留米で、仕事の合間に友人と昼食をとっていました。僕が注文したのは、天ぷら蕎麦。店のテレビで東京スカイツリーの映像が流れて、それを見た友人が口を開きます。

「そうそう、あの東京スカイツリーがさあ……」

その言葉を聞いた途端、僕の頭の中にいきなり、映像が広がりました。街が空爆され、破壊され、あちこちから火の手が上がり、大勢の人々が逃げ惑っている……。

なんだ、これは⁉　東京だ、東京大空襲……。そう直感しました。恐ろしい景色がぶあーっと頭の中に広がります。……見てしまった。僕は、食べかけていた蕎麦を吐き出しました。

「おいっ、どうした？　大丈夫か？」と驚く友人。

「子どもたちが、泣いている……」

「なに？　なんのこと？」と、友人はわけがわからず、困惑しています。

「あのスカイツリーのあたりに、子どもたちの霊がさまよっている……」

「なんだって⁉」

それが、東京大空襲で命を奪われた多くの人々の魂だと、僕は確信しました。

子どもの声が聞こえました。

「みんなは今、『スカイツリーだ！』と言って、上ばかり見て、楽しそうにしている。だけど、あそこは僕たちが犠牲になったところで、その上に建っているんだよ」

僕は、あのあたりで亡くなった子どもに話しかけられたのだとわかりました。

「うん、そうなんだね。それはつらかったね。じゃあ、どうすればいい？」

「……寂しいの。でも、恨んではいないの。今の日本が、すごくいいの。だけど、心のどこかで、昔、こういうことがあったんだって思い出してほしいの」

「そうか。わかったよ。恨んでないんだね。ありがとう。寂しいんだね。君たちのことを忘れないように、いつも心に留めるよ」

僕は涙を流しながら、心の中で子どもに語りかけていました。

それ以来、両国にある東京都慰霊堂を毎年、訪ねています。大正12年（1923年）9月1日に発生した関東大震災、その遭難者5万人以上の遺骨が納められています。また、太平洋戦争中の東京大空襲で犠牲になった人々の遺骨も納められています。震災と戦災、合わせて約16万3000体もの遺骨が安置されているのです。

今も、巨大な東京スカイツリーを見かけると、「南無妙法蓮華経〜」と唱えて、地に眠る人々の魂を慰めています。

## 友人が教えてくれた将来のイメージ

霊媒師として活動するようになって、3、4年経った頃のことです。幼なじみが僕に教えてくれたことがあります。

彼は、小学校からの同級生、いっしょにいたずらをした仲間で、いわば親愛なる悪友。タイのバンコクで暮らし、むこうで仕事をしていたので、僕がタイに行くといつも案内をしてくれました。

いろんな友人とともにいると、ふと、将来、いっしょに酒を酌み交わしているイメージが湧いてくることがあります。「ああ、この先も、こいつと楽しく飲んでいるんだな」という、ぼんやりとした予感があるのです。

あるとき、一瞬だけですが、彼にはそのイメージを感じなかったのです。

「あれ？　彼は将来、どうするのだろう？」と不思議に思いました。

それをすっかり忘れていたある日、彼から電話がかかってきました。半年前に日本に帰国したとき、いっしょに飲んだのですが、タイには帰らず、そのまま日本にいたようです。足をケガして、近くの病院に入院しているというのです。

「足のケガ、大丈夫なのか?」

「ああ、ケガはたいしたことない。それより、俺、心臓の調子が悪いんだよ」

「お前、中学生のときから、心電図に異常があるって言っていたよな。入院しているし、治療をしたら治るんじゃないの?」

「うん、手術したら治るんだって。それで今、検査のために全身に心電図の電極を付けられているよ」

「そうなのか? じゃあ、電話していたらまずいだろう」

そのとき、看護師さんが病室に入って来たようで、「なに電話してるんですか!」と彼をたしなめる声が聞こえました。

「じゃあ、明日の昼に、お見舞いに行くから」と僕。

「おお、絶対に来いよ。待ってるぞ」

「半年以上、会ってないもんな。絶対に行くよ」

そう約束して、電話を切りました。入院先は僕の会社から近いので、明日の昼休みにお見舞いに行くことにしました。

翌朝6時頃、自宅にいたときに携帯電話が鳴りました。彼の奥さんからです。

「夫の心臓が停止してしまったんです……」

「えっ？　そんな……。昨日、電話で話したよ」

「今朝、急に容体が悪くなって……」

「そう……。でも、まだそんな気がしないんだけど。とにかく、今から病院に向かうから」

そう言って、電話を切りました。身支度をして玄関に向かい、靴を履いていると……。

パーン！

突然、衝撃があり、腕に痛みが走りました。玄関に置いてある大きな木の化石、珪化木《けいかぼく》が割れたのです。その欠片が僕の腕に当たって、腕から血が流れました。近くにいた母が、驚いて叫びました。

「なんかあったんじゃない⁉」

ハッと思って、彼の奥さんに電話をかけました。

「……さっき、亡くなりました……」

彼は、珪化木を割って、僕に別れを告げに来てくれたのです。いわゆる、虫の知らせです。

「将来の姿がイメージできない」というのは、こういうことだったのか……。大切な友人の死は、身をもってそれを実感した出来事でした。

## 心地よかった臨死体験

２０１６年、体重が１４０キロあったときのことです。

肥満の影響もあり、夜、２時間おきに無呼吸状態になっていました。毎晩、水の中で溺れる夢を見るのです。ハッハッハッ……息苦しくて目が覚めると、びっしょりと冷や汗をかいています。再び眠ると、また2時間で目が覚める……。病院で検査を受けたところ、睡眠時無呼吸症候群の診断を受けました。

そんなわけで夜は熟睡できず、日中に強烈な眠気に襲われるため、昼寝をするのが習慣になっていました。

その日も、会社の社長室で、少し眠ろうと思い、ソファに横になりました。

「なんだか苦しいなあ……」

電話の呼び出し音、ドアの向こうで話す声など、周りの音は半分聞こえています。でも、なにか様子がおかしいのです。

「あれ、なんかこれ、ヤバいかも……」

突然、耳のあたりがザワザワとしたと思ったら、一気に騒がしくなりました。

きゃは、ははは、わー！　ギャー、しくしく、えーん、こらー、おーい、わいわい……笑い声、泣き声、叫び声、人々の喜怒哀楽の叫びが聞こえてきます。いったい何人いるのか、見当もつきません。

いろんな人の声が、叫びが、ざわめきとなって、耳の中でこだまします。うう、息が苦しい……。

「うー、うるさいなあ。なんで、こんなにうるさいんだ？」

ドボーン！

いきなり、水の中に飛び込んだような感覚がありました。僕は膝を抱えるように丸くちぢこまって、水の中に落ちたようです。が、その途端、ふわっと体が軽くなりました。

浮いた！

真っ暗な世界に、ぷかり。自分だけが浮いている感覚。まるで宇宙空間を漂っているようです。

「ああ、気持ちいいなあ。あんなに息が苦しかったのが嘘のようだ」

耳鳴りは遠くで、ザー……ワー……と、かすかに聞こえています。ふと、思いました。

「あれ？　僕、このままだと死んじゃうのかな？」

体が軽くなって、どんどん心地よくなっていきます。体は浮かびながら、どこかに吸い込まれるように引き寄せられていきます。あたたかくて、とにかく気持ちがいい。

「このまま、ここにいたいな。もう目覚めたくないよ」

すると、真っ暗な世界に、光が見えてきました。体は自然に、少しずつそこに近づいていきます。

「向こうは光の世界なのかな？　ああ、心地いい。あっちに行こうかな～」

吸い寄せられる光の方向に、意識が向かいそうになりました。

「ダメッ！」母の声がしました。

「こっちに来るんじゃない！」今度は、おばあちゃんの声。

「こっちに来たらダメだ！」父も言います。

真剣な声に、我に返りました。

「えっ？　なに？　これ、本当にヤバい！　起きなきゃ、起きなきゃ！　う〜〜〜っ」

目が覚めると同時に、ガバッと起き上がりました。ハッハッハッと呼吸が早く、息苦しい。頭もすごく痛い。鏡を見ると、顔全体が鬱血して、唇にはチアノーゼが出ていました。

時間にすると15分くらいだったでしょうか。すごく長く感じたのですが、実際には短い時間でした。起きたときは、とにかく苦しかった。

これが、世に言う「臨死体験」というものか。

夢のように心地よかったのは、半分、死んでいたのかもしれません。

宇宙空間のようなところに浮かんでいた時間は、とにかく心地よかった。あったかくて、まるでぬるいお湯につかっているような……。あれは羊水？　胎児のように、体が自然にまるまった感覚。きっと、これが母親のおなかの中にいるときの記憶なのでしょう。

まさに、死は原点回帰なのかもしれません。

## おじいちゃんとパラオ。そして南洋神社

祖父からの言葉も、僕にとっては大きなものがあります。

２０１2年のある日曜日、暇にまかせて、家で昼間から酒を飲んで寝ていました。コタツでパソコンを開いたまま、うとうとしていたら、金縛りにあったのです。金縛りにも、疲れているときのものと霊的なものがあるから、「今日は疲れているほうの金縛りかな？」と思っていたら、夢を見始めました。

和室が見えて、部屋には神棚を祀る位置に棚板だけがありました。そこにお札がひとつ立て掛けられていて、赤い字でうにゃうにゃ……読めない文字が書かれています。巫女さんたちが舞を舞うときに聞こえる、雅楽のような音が聞こえてきました。僕は、畳の上を誰かに引きずり回されている……。

「うわあ、怖いなあ」と思ってバッと起きたつもりが、金縛りで動けない。シャリーン……鈴の音、そして神楽の音が聞こえてくる。しばらくして金縛りが解けて、やっと起き上がることができたそのとき、耳元で誰かがささやく声がしました。

「南洋神社に行きなさい。南洋神社があなたを待っています」

南洋神社？　どこ？　すぐにパソコンに向かって、インターネットで調べました。「南洋」っていうのだから鹿児島あたりかと思ったら、なんとパラオでした。

南洋神社の創建は、昭和15年。皇紀２６００年に際して、南洋群島の中心地であるパラオに、皇祖

天照大神一座をご祭神とする官幣大社として創建されていました。入植した日本人をはじめ、戦地へ向かう部隊が参拝したとのこと。終戦後には廃社になりました。

「パラオじゃ行けないよ。うーん、遠いし、すぐには行けないなあ」

そう思って、さらに調べてみると、平成16年に、南洋神社を偲ぶ「旧官幣大社南洋神社鎮座跡地遥拝殿」が埼玉県の久伊豆《ひさいず》神社に建立されているのがわかりました。建立時の式典には当時のパラオ大統領も参加しています。

久伊豆神社は埼玉県越谷市にあります。僕は偶然にも、次の日の仕事現場が越谷でした。「これは、呼ばれたな」と思いました。

翌日、朝5時ぐらいに現場が終わって、すぐに神社に向かいました。

久伊豆神社は、けっこう大きな神社でした。巫女さんがいたので話しかけました。

「おはようございます。朝早くにすみません」

「どうしましたか?」と巫女さん。

「ご託宣がございまして……」

神さまからのメッセージを受けた夢を見ることを「託宣」といいます。

「はあ、ご託宣ですかあ?　はいはい、お待ちください」

神主さんを呼んできてくれました。

「はい、どうされました？」と、まるで子どもをあやすような感じで言われたので、僕も若干イライラしそうになりました。しかし、これも修行かと思いつつ……。

「いや～、あの、ご託宣がございまして」

「ご託宣？　どんなご託宣ですか？」

「これこれこうで、南洋神社に行きなさい、って言われたんですけど」

その瞬間、神主さんの顔色が変わりました。

「失礼ですけれど、太平洋戦争で亡くなられた方が、お身内にいらっしゃいますか？」

「はい、うちの祖父が……」

「ご託宣でございますね。南方の戦地に配属された兵隊さんは、皆さん、南洋神社に参拝してから各島々に向かわれたんです。どうぞこちらへ。ご案内します」

そう言われて神主さんについて行くと、神社の本殿の裏に旧官幣大社南洋神社鎮座跡地遥拝殿がありました。

「どうぞ、心ゆくまでお参りください」と、神主さん。実際にここにお参りに来る人は滅多にいないそうなので、大変驚かれていました。巫女さんは、「そういうことが本当にあるんですね」と感動して、涙ぐんでいました。

パラオと埼玉が、こんなところでつながっていたとは……。

「おじいちゃん、来たよー」と心の中で呼びかけ、ゆっくりとおじいちゃんを偲びました。

パラオには、現在もいろいろな魂がさまよっています。終戦70年の平成27年、天皇陛下（現・上皇陛下）がパラオをご訪問されました。それで多くの魂が落ち着いたといわれます。実は、それまで僕の心はざわざわしていて、「パラオに行かなきゃいけない」と焦っていました。それが、天皇陛下のパラオご訪問のあとにピタッとおさまったのです。

実は、硫黄島でも同様なことがあるようです。硫黄島に上陸した自衛隊員や米兵が、今でも兵隊の霊を見るけれど、天皇陛下の硫黄島訪問のあと、2年間は霊を見なかったというのです。そういう不思議なことがあるのです。

## パプアニューギニアへ

2018年の正月に、急に片目が見えなくなりました。普段から「片目の伊達政宗、かっこいい！」なんて言っているからバチが当たったたな」と思いました。1週間ほど高熱が出たので、これはおかしいなと思ったら、おじいちゃんが連日、夢に出るようになりました。

「俺のところに会いに来てくれ」とおじいちゃんは言います。

「パプアニューギニアで5月30日に亡くなったと、靖国神社の記録に記されているよ」

そう伝えました。

「俺が死んだのは、そこじゃない。すぐ来てくれ」と言うのです。

じゃあ、どこで亡くなったのか？　どこの戦地に行っていたのか？　インターネットで軍人がいた部隊を調べるには軍歴証明書があると知り、まず茨城県に電話をしました。ユタに言われた「おじいちゃんは北関東の言葉を話している」……まさに、その茨城県です。

祖父の軍歴証明書があることがわかり、早速翌日、向かいました。それによると、茨城水戸第二連隊などに在籍した記録がありました。さらに調べると、戦艦大和に乗って横須賀からパラオに行き、そこから戦地に向かっていました。パプアニューギニアの北東部にあるビスマルク諸島、アドミラルティ諸島のマヌス島の最東端にあるモモート（モモティ）空港の北側で3月3日に特攻をしたことまでわかりました。激戦地となったラバウルの近くです。

「これは、呼ばれている」

そう思って、僕はパプアニューギニアに行くことを決意しました。発掘調査でお世話になっている旅行会社に問い合わせたところ、あちこちで飛行機を乗り継ぎながら、現地まで行ける段取りがつきました。これは、行かなくてはなりません。そうして準備を進めていたのですが、新型コロナウイルス感染症が広がり、渡航を延期しました。

「おじいちゃん、必ず行くから。待っていてね」

僕の夢は白装束を身に着けて数珠を持ち、日本酒を手に、おじいちゃんが玉砕した地で慰霊をすることです。

ところで、命日がなぜ5月30日になったかというと、ラバウルが全滅した日で、政府が決めたものだそう。靖国神社に問い合わせたら、「正しい情報があるなら命日は変更します」とのこと。いろいろ調べた結果、おじいちゃんの命日は3月3日、間違いないと確信しています。

## おじいちゃんに教わった靖国神社のこと

僕が霊媒師になろうと決めたとき、おじいちゃんはお祝いに夢に出てきました。

「進よ、いつもありがとう」

神棚に靖国神社のお札も祀り、おじいちゃんのことを拝んでいたので、そのお札だと、僕にはすぐわかりました。

しかし、その後に聞いたおじいちゃんの言葉は、意外なものでした。

「靖国神社のお札は、神さまと一緒に祀るんじゃないよ。お札を一段下げなさい」

「神さまなのに?」

「私たちは神さまじゃないよ。英霊と言われているけれど、神と同列はおこがましい。私たちは単なる人間だよ。だけど、靖国神社に来る人たちは、幸せになりたい、結婚したいなどと祈っている。自分の欲なんだ。おじいちゃんたちに、それを叶える力はないんだよ」

「じゃあ、靖国神社でお詣りするときには、なんて言えばいいの？」

「この国の人たちが幸せでありますように、って」

次の日、靖国神社に電話をして確かめました。

「こういうご託宣があったのですけど、本当ですか？」と聞いたら、

「本当でございます。靖国神社の本にも、お札は神棚には祀らないでくださいと書いてあります」

僕もその本を読んだら、「一段下げるか、仏壇にお祀りしてください」と書かれていました。それを死んだおじいちゃんに教わるとは。本当にびっくりすることばかりです。


霊媒師になる。そう決めたものの、いろいろなことに対して懐疑的であったのも事実です。しかし、ご託宣、守護霊の助言、戦災による犠牲者の声、あてがわれたようにタイミングよく出会う人々、前世……。次々と起こる出来事が真実だと確信を深め、導かれていきました。

まだ迷っている僕に、ピシッ、ピシッと喝を入れるような試練が訪れ、「迷わずに先に進め」と背中を押されるのです。

こうして、僕は霊媒師になっていったのです。

# 第4章

# 出会い

## ―僕のカウンセリング―

## 11歳から86歳まで、600人以上をカウンセリング

霊媒師として人々のカウンセリングを始めて、2020年でちょうど10年を迎え、カウンセリングをした人は600人を超えました。

僕がカウンセリングで守護霊が訴えている内容を伝えたクライアントさんのなかには、そのときはピンときていなかった方もいました。しかし、数年を経て、「あのときに言われたことが本当になりました」と連絡をくださる方が増えてきました。例えば……

「胸の病気に気をつけて、という守護霊のメッセージを受け取りました。定期的に検査を受けていたので早期に肺の病気を見つけることができ、ことなきを得ました」

「2年後に会社を辞めると言われたのですが、私はずっと仕事を続けるつもりで、まさか!と思いました。そうしたら会社が解散することになって、それを機に独立しました」などなど。

この章では、実際に僕がどんなカウンセリングをしているのかを紹介したいと思います。

## 11歳から86歳まで、多様な悩みに対応

これまでのクライアントさんの最高齢は、86歳。「亡くなった妻に会いたい」とのことでいらっしゃ

いました。

カウンセリングを始めるとすぐに、40年ほど前に亡くなられた奥さまが現れました。

「俺のことを恨んでいるだろう？」と男性が問いかけると、

「いろいろあって、あなたも大変だったでしょう。私は楽しかったわよ」と奥さまは言いました（それを僕が、クライアントさんに伝えます）。

僕には男性の過去が見えたので「事業を失敗したのですか？」と聞くと、

「そうなんだよ。だから、妻には苦労をかけたんだ」と振り返ります。

「お前、あのときは申し訳なかったな」……夫婦の思い出話が始まりました。

普段は霊が降りてきても、霊に身を任せることはありません。声色や表情が霊本人のようになる状態はとても疲れるので、めったなことではやらないのです。しかし、このときばかりは、奥さまにこの身を預けて、男性と直に話をしていただきました。やがて、話が終わったので、霊をあの世へと返しました。男性はやわらかい顔つきになり、とても安心された様子で帰られました。

実はこういう方は、意外に多くいらっしゃいます。「苦労をかけた妻に謝りたい」とおっしゃるのですが、そうした人は、奥さまを大事に思っていたから感謝を伝えたいのだと思います。もし、本当に奥さまにひどいことをして嫌われていたなら、後ろめたくて、霊を呼ぼうとは考えないでしょうから。

一方、最年少は11歳の女の子で、お母さんといっしょにやってきました。中学進学や学校のクラス替えなどについて相談されました。親同伴ですから、親に聞かれてもいい内容です。大人には微笑ましいような話かもしれませんが、本人は真剣ですから、僕も誠意を持って対応します。

一人で来られた最年少は16歳の学生さん。こちらは親子関係で悩んでいました。僕のところへは知り合いに紹介されて訪ねてきました。

年齢的なことや、まだ社会に出ていないこともあると思いますが、周りに安心して悩みを打ち明けたり、相談したりできる場が少ないのでしょう。家族のこととなると、さらに相談するのが難しいかもしれません 紹介者にも、あなたの相談内容は絶対に口外することはないので、安心して話すように促しました。

女性で多い相談は、恋愛や結婚、仕事、子どものことなどです。一方、男性は、転職や独立、会社の今後など、仕事での迷いや悩みが圧倒的多数です。

また、カウンセリングをすると、女性は占いと混同していることが多く、男性は「なぜそうなるのか、どうすればいいのか」など、理屈で語ってほしいのだなと感じます。

## 霊媒師と占い師の違い

僕のところに「私の将来を占ってください。どうなりますか？　結婚できますか？」とやって来る方がいます。そんなときは「僕は、占いはできないですよ。霊のメッセージとして、あなたになにか伝えることはできますが」とお話しします。霊媒師と占い師は違うのです。僕は、このように考えています。

○霊媒師（スピリチュアルカウンセラー）

クライアントさんの守護霊など、霊的なものとコンタクトして、霊のメッセージを受け取って、クライアントさんに届ける。いわば、メッセンジャー的な役割。スピリチュアルカウンセラーも基本的には同様で、霊的なメッセージを受ける対象はさまざま。

○占い師

長い歴史のなかで培われたデータから緻密に読み解く占星術や陰陽五行（易や風水など）、また手相や姓名判断など、専門的な理論や手段を用いて過去を判断したり、未来を予測したりする人。もちろん霊感のある方が多いです。

## 霊の姿と未来予測

どうして、亡くなったおじいちゃんやおばあちゃん、お父さんやお母さんの霊が現れるのでしょうか？　不思議に思われる人もいることでしょう。

人は死んだら肉体から魂が抜けていく、というのは聞いたことがあるでしょうか。この魂には姿形がないことは、皆さんもなんとなくわかると思います。実際、僕の父の霊が降りてきたとき、魂の存在をまず感じるのです。それを「ああ、父だな」と感じて、僕が「お父さん」と呼ぶから、その魂は父の姿として僕に見えるのです。

カウンセリングをするときには、守護霊の姿をすぐにはっきりと感じるわけではありません。まず魂の存在を感じて、魂（霊）が訴えようとしていることやクライアントさんの意識や様子から、霊の性別や年齢、容姿などのイメージが現れるのです。

僕がカウンセリングをしていると、守護霊は「○○に注意しなさい」「○歳の頃に大きな節目を迎える」「将来は2人の子どもに恵まれる」など、先のことを伝えてくることがあります。

「なぜ、霊は将来のことがわかるのでしょうか？」とクライアントさんに聞かれたことがあります。

しかし、実際のところ、僕にもどうしてなのかは、よくわかりません。魂には形がないので、現在・過去・未来の区別がないのかもしれません。また、時空を自在に行き来できるとしたら、将来のことを知っているのかもしれません。

いずれにしても、現代の私たちが持っている時間や空間の感覚、それぞれの人が持つ常識と、霊の世界観は違うのだと思います。「目で見たものしか存在しない」「見えるものしか信じない」というのは、三次元の、この世のこと。魂の世界は、私たちが生きる三次元とは違うようです。

僕はただ、霊が伝えるメッセージをクライアントさんへと伝えているだけなのです。

霊とコンタクトするというと、よく聞かれることのひとつが「日本語で話しているのか？」ということ。日本語なのか、英語なのか、はたまた違う言語なのか。自分の知らない言語だったら霊が言っていることがわかるのか？　実際、僕は海外でも霊媒をしたことがあります。

二カ国語を話せるバイリンガルは、この世での話。霊の世では、国境も言語も関係ないのです。僕が出会ったなかでは、守護霊がその人が飼っていた犬だったこともあります。そのワンちゃんとも会話をしました。

「そっちの道は違うの。（飼い主が）迷わないように一緒にいるの」というメッセージをくれました。

もしかして、かわいがっていたペットなら、霊として出てきて欲しいと思う人もいるかもしれませんね。

## 霊媒と退行催眠によるカウンセリング

僕のカウンセリングのやり方は、他の人とは違っていると思います。霊を降ろしてその霊のメッセージをクライアントさんに伝える霊媒をすることが、結果的にカウンセリングになっています。

また、前世を探る退行催眠（ヒプノセラピー）や、指先で輪を作って正しい答えを確かめるO《オー》リング（筋肉反射テスト）なども取り入れています。さらに、自分では感じていない無意識の状態にある「潜在意識」に語りかけて、その人の本当の気持ちを知ることもあります。

これらの方法がミックスされていて、退行催眠をしている途中で霊が出てくると、そこから霊媒になってしまうことも多々あります。また、必要に応じて除霊や浄霊も行います。

【霊媒】

守護霊をはじめとする霊的なものとコンタクトして、霊のメッセージを受け取ること。霊媒師は、それをクライアントさんに伝える。

【守護霊】

その人を見守っている霊のこと。先祖や先輩など、その人にゆかりのある故人。一人の人物が継続してつくのではなく、そのときどきに必要な人物（霊）に入れ替わる。また、一人の人物に対して、両親が揃ってついているような場合もある。

【退行催眠（ヒプノセラピー）】

過去にさかのぼる催眠療法。生まれたときや、さらに前の前世を、自分のイメージの中で体験する。催眠中に過去のトラウマが見つかれば、そこで痛みや苦しみを和らげたり、解消したりして、自分を癒やすことができる。催眠中は意識がなくなるわけではなく、リラックスした状態でイメージのなかで時間をさかのぼっていく。

【Oリング（筋肉反射テスト）】

片手の親指と人差し指で輪を作り、その輪の中にもう片方の親指と人差し指を入れて輪を作る。輪と輪を引っ張りながら、投げかけた質問に答えると、正しい答えでは輪が外れる。例えば、何歳かを調べるときに、「25、26、27、28……」と数えながら、指の輪を引っ張り合う。ある数字で輪の指が外れたら、それが答えだと考える。

【潜在意識】

自分では自覚していない意識、無意識のこと。表面に現れない、本当の気持ちもここにある。意識の約9割は潜在意識、自覚している顕在意識は約1割といわれている。つまり、顕在意識は氷山の一角で、大部分を無自覚な潜在意識が占めるということ。ひらめきや直感は潜在意識といわれる。

【除霊と浄霊】

除霊とは、その人や場所に取り憑いた霊を取り除くこと。浄霊とは、その人やその場所を清めて、魂をあの世に帰すこと。成仏させること。

僕のカウンセリングでは、これらを状況に応じて使い分けています。霊媒やスピリチュアルだけではないし、退行催眠だけでもない。守護霊を呼んだときに、同時にクライアントさんの潜在意識を感じ取ることもあります。本当はどう思っているのか、なにをしたいのか、自分では気がついていないけれど、無意識のところでは「こうしたい」と思っていたりするのです。

霊からの情報、そして僕が本人から感じ取った感情や思い、本人の発する言葉や行動などの情報……。いろいろなものが混ざり合って、カウンセリングが展開します。

カウンセラーとして気をつけていることのひとつに「感情移入をしないこと」があります。自分の感情が入ると、情報の受け取り方がおかしなことになってしまうからです。また、クライアントさんに対して、例えば「この子はかわいいから、なんとかしてあげたい」などと思うと、それは欲につながり、判断を誤ります。あくまでも情報をフラットに捉え、平常心で対応します。

## 僕のカウンセリングの進め方

まずは予約をとっていただき、対面した際には、名前などのごく簡単な基本情報をシートに記入していただきます。普通のカウンセリングであれば相談内容をお聞きするのでしょうが、記入を待っている間に、すぐに守護霊が現れることも少なくありません。僕の頭の中にイメージが見えるのです。

このとき、素直な心で対応することがポイントで、僕が無意識のトランス状態のような感じで、霊とのチャンネルが合ってコンタクトする感じです。

紙上で、カウンセリングを再現してみましょう。

「今から○年くらい前に、関係の近い方で亡くなった方はいますか？　年齢は○歳くらいで、痩せていて白髪の短髪、メガネをかけた男性です。その方が降りてきています。どんな関係ですか？」とクライアントさんに伝えます。

「おじいちゃんです」「父です」「伯父さんです」……など、答えがあると、それと霊がシンクロして、あとは霊が勝手にしゃべり出します。僕の頭の中に霊が直接、訴えかけてくるのです。シートで名前を確認した僕は、

「あなた、○○さんですね。仕事のことで悩んでいるのですね。なるほど……」

クライアントさんの発する雰囲気と霊からのメッセージで、どんな悩みや問題を抱えているかは、本人に聞くことなく、だいたいわかります。

霊に「今、なにを伝えたいですか？」と問いかけます。すると、

「お前（クライアントに向けて）は、来年の3月以降に転職しろ」など、いきなり答えを言うこともあります。そのまま伝えるときもありますが、わかりにくそうな場合には、ワンクッションを入れてクライアントさんに伝えます。

「仕事のことで悩んでいるのですね。おじいちゃんは『来年の3月以降に転職しなさい』と言っていますよ。来年の3月は、なにかありますか？」

「今、担当しているプロジェクトが3月で終わる予定です……」

……というような感じです。

## 考古学、歴史、心理学、経営学などを織り交ぜて、わかりやすく

霊からのメッセージをクライアントさんに伝えるときには、できるだけそのまま伝えるようにしています。しかし、「霊がこう言っています」だけでは、クライアントさんは、それをどう受け止めていいのか、これからどうしていけばいいのか、よくわからないことも多いものです。

そこで、僕が長年研究している考古学や歴史、心理学、また経営学や社会学などの知識や考え方も織り交ぜながら話をします。実際に日々の生活を送り、厳しいことも多い世の中で力強く生きていくには、その言葉をどう解釈するかも伝える必要があると考えているからです。

僕のカウンセリングの例を紹介します。

ある男性から、「会社が潰れそうだ！　助けて欲しい」という相談がありました。

男性は警戒心が強いのか、こちらの様子をみているのか、最初から素直にすべて打ち明けることが少ないと感じます。でも、その人の守護霊が「お前にこういう原因があったから、こうなった」と言うのです。まず、それを伝えます。

「あなた、会社が倒産しそうなのに、女性にお金をつぎ込んでいますね。隠しても無駄ですよ。守護霊がそう言っています」

「はっ、申し訳ありません」と観念して、やっと心を開くのです。

「愛人にお金を使い込んだのですから、今、あなたが困っているのは因果応報です。だけど、助ける方法はありますよ」

「どうしたらいいですか？」

こうした場合、僕は経営者の立場、また会社を倒産させてしまった経験から、経営学的な話をします。会社の経営状態や銀行への借り入れなどの情報を詳しく聞き、計画的にどのように支えられるか可能性を探り、アドバイスします。この部分はスピリチュアル抜きで、現実にやるべき対策です。

『いい弁護士は、いますか？』となったときには、今度はスピリチュアルで守護霊に聞きます。

「では、守護霊に聞いてみますね。あなたの家の方角から北側、○○区に、あなたを待っている弁護士がいます。年齢は○歳くらい」というように。そして、時期を聞きます。

「この問題が解決するのは、守護霊は○月くらいだと言っています。だけど、それまでには、あなたは必ず準備しなくてはいけないですよ」

その準備とは、例えば会社更生法を適用する、自己破産手続きをするなど、今度は経営面での計画的な話です。破産手続きもすぐにはできませんから、準備には数カ月かかります。それがいつ決まるかというのは、Oリングで調べていきます。

「○月ぐらいには、この問題は解決します。そのためには、まず、愛人問題を清算すること。上杉謙信の言葉に『心に貪りなき時は人に諂《へつら》うことなし』というのがあります。あなたは愛人に対して貪りの心を持っているから、こんな状況にもかかわらず、いまだに媚びて金を使っているのです。まず、それを正しなさい」と諭します。

「愛人のことを正し、お金の流れをクリアにして、奥さんにすべてを話しなさい。家族の協力を得て、それからですよ、会社を立て直すのは。清算できるだけありがたく思いましょう。今回は早めになんとかできて、よかったですね」となるのです。

このほか、神道の「心にもろもろの不浄を見て……」という六根清浄の話をすることもあります。守護霊の導きから入り、経営学的な観点から実践すべき方法などを結びつけ、スピリチュアルと科学の両方の視点でお話ししていきます。

また、あるときには、守護霊からこんなメッセージがありました。

「あなたの周りに、一人だけあなたの味方がいます。年齢がこれくらいで、立場的にはこういう人です。その人を探しなさい」とクライアントさんに伝えました。それと同時に、

「味方になってくれる人はいます。しかし、その人に助けてもらうには、あなたがすべてのことを正直に吐き出さなくてはいけないですよ」ということも指摘します。

守護霊や助けてくれる人がなんとかしてくれるわけではありません。なんとかするには、現実的な準備が必要です。しっかりと準備をしたら、そのあとの流れはスピリチュアル的に考えることもでき

ます。

つまり、科学的な方法論を示し、その先の未来をスピリチュアルで覗いていく。僕のカウンセリングは、そうしたイメージです。

## カウンセリングは心のカイロプラクティック

僕は、「カウンセリングは心のカイロプラクティック」だと言っています。肩が凝ったら肩をマッサージする、腰が痛ければそれを手当する。カウンセリングは心の凝りをときほぐす、マッサージ的な役割を持っていると思います。

家族や友だちに悩みを相談して、心が軽くなったり、解決の糸口が見つかったりすれば、それでいいのですが、知っている人には話せないこともあるでしょう。そんなときは、第三者である僕たちカウンセラーの出番です。

悩みをひとりで抱え込まないで、安心してカウンセラーに話してください。凝り固まった心をマッサージすれば、気持ちがラクになります。そうすれば、生きる気力も湧き出してきて、悩み解決の糸口が見つかるかもしれません。悩みがすっかり解決しなくても、悩みを抱えながら強く生きていくヒントが見つかればいいのです。また、そもそも本来の問題は別なところにあり、悩む方向が違っていたと気がつくこともあるかもしれません。

## 退行催眠の例①：幼い頃に性的虐待を受けていた女性

ある20代の女性は、「恋愛したいのに男の人が怖い」と相談に来ました。退行催眠をしたところ、幼稚園のとき、友だちの男の子に性的ないたずらをされていた記憶がよみがえったのです。本人は覚えていなかったのですが、それは怖かった、痛かった、恐ろしかった記憶を無意識に封印していたのでしょう。

子ども時代に戻った彼女は泣きながら、「怖いよ、怖いよ」と震えています。これが今の「男の人が怖い」ということにつながっていたのです。そこで、この怖れの根源となったトラウマを断ち切ることで、男性に対する恐怖を和らげました。

その方法は、過去の自分のところに、今の大人になった自分を行かせるのです。

「今のあなたが、子どもだった自分に声をかけてあげてください。『もう大丈夫だよ』って」

まだ幼くて、なす術がなく、弱い存在だった自分。彼女は記憶を封印することで自分を守っていたのです。大人になった今は、少女のときの気持ちもわかるし、イメージのなかでやさしく寄り添うこともできます。そうして深く傷ついた昔の自分を癒してあげること。そして、それが今の自分を癒やすことにもつながるのです。これを何回か繰り返すと、トラウマは消えていきます。

この他にも、嫌な人との縁を断ち切ることができる方法があります。

僕がクライアントさんの前世に行って、お経を唱えたり、「金色の仏さまが出てきました」とイメージをさせたりして、そのときのつらい心に寄り添うのです。

手強い相手の場合は、クライアントさんに剣を持っている姿をイメージさせて、トラウマとなっている相手に対して、「二度と現れるな！」と剣でズバッと断ち切らせることもあります。イメージのなかの話ですが、そうすることでクライアントさんは相手との縁が切れたと感じられる。すると、心がスッキリするのです。

人によっては「金色の毘沙門天さまが現れて、相手を断ち切ってくれました」とか、「私の代わりに懲らしめてくれた。スッキリしました」と言う人もいます。

退行催眠は、あくまでもイメージの世界です。その過程で過去の自分を受け入れて、傷を和らげることができる、癒しのワークなのです。

子どもの頃の記憶をたどるうちに、「親との関係が悪かったと思っていたけれど、実は違っていた」と気がつくこともあります。厳しくしつけをされていたのは、実は親の愛情からであったと実感するケースは少なくありません。感謝の気持ちが湧き上がり、親や周囲の人たちに愛されていたと実感することも。それは究極の癒しといえるのです。

## 退行催眠の例②：人を信じられなかった理由がわかり、新たな道へ

人を信じることができない、人間関係をなかなか作ることができない、心では「信じたい」と思っているのに、それがどうしてもできないという、40代の男性がいました。

「僕は本当に人を信じたいのに、心が『信じるな』と言うのです。僕は頭がおかしいのでしょうか？なにかに原因があるのでしょうか？」と。

なにをやっていても人が信用できなくて、相手を嫌いになってしまう。どうしても人は裏切るものだからと人を信用できなくて、生きるのがつらい。それが、どうしてなのか知りたいというのです。

退行催眠をしましたが、最初は心を閉ざして本当の気持ちを見せませんでした。3回目ぐらいから信頼関係が築けて、少しずつ僕に心を開いてくれました。彼のなかで「知りたい、なんとかしたい」という気持ちが勝ったのでしょう。ちなみに、退行催眠は基本的には2〜3回をワンセットにして行います。

退行催眠で見えた前世では、彼はヨーロッパらしき地の戦場にいました。周りには血にまみれた多数の人々。自分は騎士として戦うのだけど、いつも人に裏切られる。

「もう人間社会はイヤだ！」と思っていたのに、また人間に生まれてしまった。裏切られて、人を殺して、殺されて……という殺伐とした世界を、何度も繰り返していたのです。

「だから僕は、この世では人を信じることを学ばなければいけないのに、まだそれができていない……」

そう感じた彼は「この状況を卒業したい」と言うので、退行催眠を通して、心の痛みを癒やしていきました。

前世にさかのぼって、今の自分が「もう大丈夫だよ」と声をかけます。

「今の時代は、人殺しもないし、人に裏切られることもないから大丈夫。さあ、行こう」と。

このように退行催眠では、「なぜ、今の自分はこうなっているのか？」という原因をつかめることがあります。でも、すべてはイメージであり、脳の錯覚でもあります。それを利用して、自分で自分を癒やしていくのです。

その男性は、しばらくしてから仕事を辞めました。

「今まで人を信じなかった分、人々を救いたい。これからは人を癒やせるような人間になるために人生を捧げたい」

その言葉を残して、仏門に入るための修行に向かいました。

## 「自分探し」ではなく、自分を磨く

女性に割と多いのは、「今の自分は本当の自分とは違う、もっとできるはず、なにかできるはず」という、いわゆる「自分探し」です。そのため資格をたくさん取得してみたり、転職したり……。

例えば、あるクライアントさんはカウンセラーに興味があるようで、僕からみても向いていると感じました。そこで、

「あなたはカウンセラーになるため、それに向かって頑張りなさい」と伝えました。

でも、それでも迷ってしまうのでしょう。再び、カウンセリングにやって来ました。

「先生、私、アロマテラピーを習ってきました。資格を取りました！」

「そう、カウンセリングに生かすのだね」

さらに、またカウンセリングに来ました。

「先生、今度はレイキのヒーリングを習ってきました。資格を取ったんです」

「それはいいと思うけど、いつカウンセラーをやるの？　仕事としてやるんじゃないの？」

「えっ、でも、まだ心の準備が……」

いったい、いつになったら仕事を始めるのでしょうか？　これでは単なる資格マニアです。資格を取るのが好きなら、好きなだけ取得すればいいでしょう。ただし、それで安心するのは単なる自己満

足、本当の人生の目的は果たせません。「これだ！」と思うものに出会ったら、すぐに始めたほうがいいのです。

「これはちょっと違うかな？」「なんだかピンとこない」「今ではない」「もっと探せば、きっと私にぴったりのものがあるはずだ」……

僕からすると「自分が理想とする自分」を探しすぎ、求めすぎているように見えます。

「自分はもっとこうなりたい」という向上心を持つのは素晴らしいことです。しかし、今の自分を否定して、「より魅力的でありたい。より美しくありたい。さらに、もっともっと」と目的のない欲を持ってしまう。己を見ないで、夢ばかり見てしまうからつらくなるのです。

今のあなたは、十分に素敵です。まずは、今の自分を受け入れましょう。

「今のままで、私には魅力がある。私はこれでいい。私の良さをわかってくれる人はいる。もう充分、有り難いことなんだ」

そうした、自分の心がけ次第なのです。

「あの人のようになりたい。あの人よりも豊かな暮らしがしたい」

なぜ、人と比べるのでしょうか？　その必要はありません。歌の歌詞ではありませんが、人は「ナンバーワン」ではなくて「オンリーワン」です。それぞれの人が、その人なりの良さがあり、魅力を持っています。仕事だって、パートナーだって、好みや相性はそれぞれ違います。みんながまったく同じだとしたら、気持ちが悪いのではないでしょうか。

自分探しではなく、今の自分を認め、良さを発見し、磨くこと。それが大事です。

## 流行に流されない

僕は最近、真剣に考えました。

「流行ってなんだろう？　ファッションの流行とは、どういうことだろう？」

人間は社会で群れる生き物です。「人並みでなければならない」というのがきっと流行の考え方なのでしょう。

「今、これが流行っている。私も、それに入っていかなければいけない」という焦りや、「皆と同じでないと皆の輪に入れない、取り残されてしまう」という不安感。多分、マーケティングは、そういう心理をついてくるのです。それがいけないとは言いません。自分で「私は、これがいい」と選べばいいのです。でも、流されてはいけない。自分自身がしっかりしていることが大事です。

僕自身は、ファッションやブランドには全く興味がありません。クライアントさんによく言うのは、「着飾ることは素晴らしいことですが、自分はありのまま、これ以上飾るものは何もいらない。そう思っているだけなのです」

あれ？　もしかして、完全に勘違い野郎ですかね？（笑）

ファッションだけでなく、学歴や持ち物などもそうかもしれません。結局、自分に何か、箔のようなものをつけたい、粉飾した自分でいたい、という思いがあるのでしょう。でも、粉飾しすぎて自分を見失ってしまうのはいただけません。考え方は人それぞれ、好き好きですから、それが悪いとは言いません。ほどほどに、と思います。

自分という素材を生かして、そこに味付けをすればいいのです。カレーを作っていたのに、いつのまにかなんだかわからなくなった、「そもそもなにを作っていたのだっけ？」というのは、どうかと思うわけです。

自分がどこに行きたいのか見失って迷走する。それにも気がつかないで「もっともっと」と求める。いったい、どこにたどりつくのでしょうか？

誰かと比べるのではなく、大事なのは自分を磨くことです。人と交わって、自分の良さを知ることです。

そのときに他人と自分の意見が違うのは当然です。それが人間なのですから。

「あなたのつけているそのイヤリング、とても素敵ね。あなたによく似合っている。でも、私の好みとは違うわ」

「あなたはそう考えるのね。私は、こう思うんだよね」

それが自分の価値観であり､相手の価値観です。なんでもかんでも「それが流行なら､じゃあ私も」と言っているうちは、自分を確立できません。

アーティストでもそういう人を見かけます。素晴らしい活躍をしていたのに、他の人気者を意識して自分の方向性がブレて、崩れていってしまった。路線を変えるのは、自分に自信がないから。アーティストとして本当に方向転換するなら、本気で頑張るでしょう。しかし、そこにもまた迷いが生じる。自分の良さを十分に把握していたら、それをより伸ばす方向へと拡大すればいいのです。

自分自身を磨くというのは、自分のいいところ、魅力的な部分を見つけて伸ばすことです。そのための道具やお金は必要ありません。なにもなくても、あなた自身で自分を磨くことができるのです。

## 「地縛霊」は、自らを縛る「自縛霊」

交通事故の現場に花が手向けられているのを見たことがある人もいるでしょう。あれには要注意です。

事故の直後であれば供養の意味や、また事故を起こさないようにという注意喚起の意味はあるでしょう。しかし、何年も献花が続いているとしたら、気をつけるにこしたことはありません。

いつまでも花を手向けていたのでは、亡くなった人の霊は、その場所に後ろ髪を引かれます。そうして、その土地に憑いてしまう霊を「地縛霊」といいます。

僕は、これは「自縛霊」だと考えます。土地に縛りつくのは、自分（霊）の意思の問題。この場合、磁場が悪くてそこに縛られるのではなく、己の念があるから、その土地に縛られるのです。

また、無縁仏もそうです。いろんな人がそこで手を合わせてお参りすれば、その土地に縛られて地縛霊、すなわち自縛霊になります。

自縛霊は、自ずからを縛り込む。しかし、それを縛らせる要因は周りの人にもある、ということ。事故現場に行って「いつもここに来ると思い出がよみがえるから」とお参りをしていると、霊は後ろ髪を引かれて成仏できないことがあるのです。また、花を手向ける人も、いつまでも亡くなった人に縛られています。

さて、では、たまたま事故現場の花を見た場合は、どうすればいいのでしょうか？

「ああ、ここで事故があったんだな。誰か知らないけど、安らかにお眠りください」などと、やさしい人は手を合わせてしまうかもしれません。しかし、事故に関係のない人、知らない人ならば、それはやらないほうがいいでしょう。

自縛霊は「自分の存在をわかって欲しい、自分の念を伝えたい」から、霊として現れるのです。拝んでくれたら「この人は自分のことをわかってくれるんだ」と思って、その人に取り憑いてしまうことがあるのです。その人のやさしさが仇になるわけです。

といっても、取り憑かれた人は霊感が強くなければ、自分では気がつきません。でも、僕がみると「誰かを連れてきちゃったね。どこかで拝んできた？」ということがけっこうあります。

町で見かけるお地蔵さんにも、たくさんのものが集まっています。手を合わせるのはいいですが、「安らかにお眠りください」と情をかけたり、願をかけたりするのはやめましょう。道端のお地蔵さんというのは、多くが慰霊として置かれたものです。

また、道祖神は、地元の道の神さま。お参りをするところとは違います。手を合わせるなら「ここの皆さんが無事故でありますように」くらいにとどめましょう。

## 死んだ人より怖い生き霊

人に憑いてその人を見守る守護霊、その土地に住み着いたような地縛霊（僕は自縛霊と呼んでいます）……霊にもいろいろな種類があります。共通するのは、亡くなった人の魂であるということ。

死んだ人の霊よりも、もっと怖いのが生き霊です。その名の通り、生きている人の霊ですから、タチが悪いのです。除霊しても、何度も憑いてくることもあります。

その人に恨みや未練があって、離れた場所から怨念を送ったり、たたりや禍《わざわい》をもたらしたり……というもの。自分では原因がわからないけれど、なんだか肩のあたりが凝る、なんてこともあるようです。

例えば、恋愛のもつれで生霊が憑いた場合は、その人の思い出の品を持っていたりすると、そこから怨念が来ることがあります。カウンセリングでも、たびたびあります。

「え〜、彼からもらったものは全部、捨てました」

「本当に全部、処分した？　あなたの鞄の中に、丸い形のアクセサリーが入っていないかな？　それは彼との思い出のものじゃない？」

すると、やはり鞄から出てきます。それが念を発していたのです。指輪などのアクセサリー、バッグ、ネクタイ……、贈った人のそのときの思いが生き残っているのです。サイコメトリーというのですが、物にも魂が宿るのです。別れた異性からのプレゼントなどは、念が入っていやすいので気をつけたほうがいいでしょう。

やっかいなのは、生霊は何度も憑いてくるということ。死んだ人は話せばわかってくれるのですが、生きている人は会って話して、納得させないといけません。カウンセリングでは、その場でお祓いをしますが、また憑いてくることもあります。

## 相手との縁を切る

霊媒師をしていると、ときには「呪い殺してください」と依頼されることもあります。冗談ではなく、本気でそう言ってくる人がいるのです。

「人を呪わば穴二つ」という言葉があります。人を呪って殺そうとすれば、その報いで自分も殺される。墓穴が二つ必要になるという意味です。

「もし、呪った相手の霊が現れたとしたら、あなたも代償を背負うことになるのですよ。もう、こんなことを考える時点で、あなたは相手に気を持っていかれています。おやめなさい」と僕は諭します。

「こうして相手を意識しすぎている時点で、もうあなたらしくなくなっている。その状態では、あなたの人生が不幸になるから、早く忘れなさい」

そう伝えて、カウンセリングをしていきます。僕は霊媒師として人を救うのであって、人を殺す術は持っていません。

ただ、相手との縁を切ることはできます。いわゆる、縁切りです。

過去の自分を受け入れて、相手への気持ちを絶ち切る、つまり、記憶の中での過去の自分との決別です。

その方法としては、カウンセリングの最中に縁切りの神さまを呼んだり、退行催眠のときにイメージのなかで縁を絶ち切ったりします。

退行催眠では、今の縁がある人が前世でも出てくることがあります。退行催眠で縁を切りたい相手に対面したときに、僕が「さあ、切りなさい！」と指示して自分で断ち切るのです。また、「過去の人生のなかに金色に光った神さまが出てきます。その方にお願いして、相手を退治してもらいなさい」と言うこともあります。

また、例えば、クライアントさんが両手を合わせて祈って、イメージのなかで毘沙門天や神さまを登場させて、剣を振り下ろして、ふたりの縁を結ぶ糸を切り落とすこともあります。

これをすると皆さん、退行催眠のあとはスッキリした表情になります。ただし、これもある意味では恨みを処理しているわけですから、あまりやらないほうがいい。できれば、二人を和解させたいのです。

## 相手を許し、和解する法

退行催眠では、子どもの頃にいじめを受けていた、その相手が出てくることがあります。そのときに、このように言うのです。

「その当時の自分に返って、いじめていた子に、昔の自分が言えなかったことを言ってください。それから、大人になった今の自分が『どうして私をいじめるの?』と問い詰めてみなさい」と。すると、いじめていた相手の本音が出てくるのです。

「私は寂しかったの」「あなたのことをねたんでいた」「あなたがうらやましかった」「あなたのこう

いうところが嫌いだったの」など、相手が喋り出します。そうしたら、今の自分の態度を示すのです。「今の私は、あのときとは違うからね！」と。すると相手は「ごめんなさい」と謝ってくる。

そうなると、相手を許す気持ちが生まれ、お互いに少しずつ歩み寄り、和解していくことができるのです。

これもイメージのなかでの出来事であり、相手を許したい、和解したいという潜在意識の現れでもあります。つまり、今の自分の心をコントロールしているのです。不思議なもので、イメージのなかで決着がつくと、ずっとわだかまっていたトラウマが消えていくのです。

## トラウマを知り、心を癒やす

そもそも「トラウマ」とはなんでしょうか？

僕は、よく地震に例えます。地震によってプレートや地盤がゆがみ、亀裂が入っていきます。それは表面からは見えません。心も同じように幾層もの亀裂が積み重なっています。それは思い出ともいえます。地震に相当するなにかのきっかけが起こって、それが亀裂を刺激して、心に動揺が走る。最初の亀裂がなんだったのか記憶にないけれど、心の奥底には痛みや悲しみが蓄積されていく。年輪のように地層が重なり、固まっていく。ふさがったように見えても亀裂は残っている。また地層を刺激する出来事が起これば、亀裂が表面化してしまう。同じようなタイプの出来事（刺激）で表面化するのがトラウマです。それが強い場合にはＰＴＳＤ（心的外傷後ストレス障害）となって、突然、恐怖がフラッシュバックして、パニックのような状態になることもあります。

退行催眠では、そういうトラウマを取り去っていくこともできます。

その後も苦手なパターンの出来事は、また起きるでしょう。しかし、次に起きたときには、以前よりも楽に対応できるはずです。

「同じことが起こっても、もう平気になりました」と言う方もいます。例えば、「職場で苦手だった人に対応するのが楽になりました」とか、「離婚したダンナと顔を合わせるのがつらかったのが、今では会っても全然気にならなくなりました」など。

相手が変わるわけではありません。自分の意識やものごとの捉え方が変わっただけです。内面の自分がハッピーになって、今までの地獄が極楽に変わったのです。ものの見方が変わって、「もう大丈夫」という自信がついたのです。

退行催眠のイメージのなかの出来事ですから、現実のことではありません。催眠にかかっているといわれれば、そうなのかもしれません。でも、僕らは結果ありき。それがバーチャルであろうがなかろうが、クライアントさんが自分の人生を幸せに歩むことができるのなら、それでいいのです。

## 大いなる存在について

僕が大好きな毘沙門天は、もともとはインドの神さまです。そして、国や文化、宗教が違えば、別な神さまとして認識されるようです。また、神の使いである大天使ミカエルと毘沙門天は同一だという人もいます。

僕は昔から考古学や歴史が好きで、それを学んできたり、今でも発掘に参加したりしています。古いことに興味があるのは単に過去の出来事を知るためではなく、そこに生きた人々の暮らしや感情、思いを知りたいから。

国も、さまざまな歴史も、もともとはひとりの人間の「こうしたい」という思いから始まったこと。ひとりの思いが家族へ、そこから自分が暮らすコミュニティへ、さらに広い地域へと広がり、やがて国になったのでしょう。しかし、歴史というのは、勝者によって簡単に塗り替えられてしまいます。だから、歴史学

釈尊ご生誕地カピラ城で発掘。僕にとって年に1度の行事。

は「証言」。人が記した文伝などです。

一方、考古学は「現場」での発掘調査が基本。僕はよく「現場100回」と言っています。現場を何度も丁寧に見ていくと、そこに事件や暮らしの形跡が残っているのです。なんのために、なにを思って、どのように生活を営んでいたのか。どうして滅びてしまったのか……。歴史学の証拠を考古学で集めているのです。また、地域に残る言い伝えが、発掘によって真実だったと裏付けられることもあります。

考古学や歴史、哲学や社会学……これらを学ぶことは、人間の心を学ぶことだと思います。自分を知り、人間を知ることにつながります。

天災に見舞われ、疫病に襲われ、無情を感じながら、それでも人間は連綿と命をつなげてきました。人間の手に負えない、どうしようもないことには、神のような目に見えない大きな存在を創り出し、心の拠り所にしたのではないでしょうか。

現代も世界中でたくさんの人が、さまざまな宗教を信じています。私たち日本人も、ことあるごとに「神さま、仏さま」と手を合わせて祈っているのではないでしょうか。歴史は変わっても、人間の精神世界は何千年という長い間、変わっていないのだと感じます。

ところで、日本の神さま、日本人が感じる神の存在は、他の国や地域、宗教とは、かなり違うようです。自然界に霊魂が宿るという、アミニズムに近いものだといえます。

ひとりの人物ではなく、山や岩、海や川、雨や風などの自然に畏敬の念を抱き、農業や漁業などの暮らしの中で感謝を捧げる、森羅万象に神さまがいるのです。そう、八百万の神です。ということは、神さまは、自分のいる場所、すなわち、自分自身に宿っているとも考えられます。

そう考えると日本人は、もともとスピリチュアルの民族といえるでしょう。神道の八百万の神々は、実は仏の化身として現れたという本地垂迹説《ほんじすいじゃく》もあります。さまざまなものを柔軟に受け入れてきて、現在の日本の文化があるのです。

ところで、僕は飛行機で海外に向かっているとき、神さまを意識することがあります。日本の領域を出ると今まで感じていた神さま（八百万の神々）を感じなくなるのです。

また、国内でも、北海道と沖縄は神さまの雰囲気が違います。古くは蝦夷地と呼ばれた北海道で感じるのは、大地や森の神。一方、琉球王国であった沖縄では太陽と海の神を感じるのです。

# 第5章

# メッセージ

## ―運気を上げる9つの方法―

## 日々の小さな心がけで運気を上げる

「最近、なんだかうまくいかないな。ついてないな」と思うことは誰にでもあるものです。それが積み重なって、仕事や人間関係にも影響したり、生きることがつらくなってしまったりすることもあるかもしれません。そうなる前に、日常のちょっとした心がけで悪い運を回避して、自分自身で運を上げていくことはできるものです。そう、開運です。実は、それは決して特別なことではありません。

僕のこれまでの経験から、実際に毎日の生活で気をつけること、やって欲しいことを紹介します。あなたが人生を生きやすくなるヒントになればうれしいです。

### ①ネガティブなことを見ない、言わない、聞かない

まずは、日常の会話では、できる限り「ネガティブなことを言わない」こと。人の悪口を言ったり、人を傷つけたり陥れたりするようなこと、また自分の気持ちが落ち込むような言葉はできるだけ使わないほうがいい。言葉には「言霊（ことだま）」といって、霊的な力が宿っているといわれます。そうでなくても、毎日毎時間、ネガティブな言葉を言ったり聞いたりしていたら、思考がネガティブに偏ってしまう可能性が大ですから、気をつけましょう。

テレビをはじめマスコミでは、ネガティブな情報が多いものです。同じ内容でも、恐怖をあおるよ

うな表現をすることも多いです。そのほうが視聴率を稼げるからです。でも、それに左右されないようにしましょう。テレビは作られた世界なのですから。

ネガティブなことを自分が言わないためには、ネガティブなことを聞かない、見ないことが大切です。日光東照宮の三猿のレリーフのように「見ざる、言わざる、聞かざる」です。

## ②ネガティブな考えを捨てる

「見ない、言わない、聞かない」だけでなく、ネガティブな考えも捨てましょう。

「もしも、試験に落ちたらどうしよう」「もしも、大事なプレゼンで失敗したら」「あの人は私の悪口を言っているに違いない」

ネガティブな考え、そしてネガティブなことばかり考えるキャラクターというのは、自分が想像で作っていることに、まず気がついてください。

例えば、今日、同級生から「お前、邪魔！」と言われたとしましょう。

ひどい！　そんなことを言うなんて。明日、彼に会ったら、どうしよう。またなにか言われるかもしれない。今日よりも、もっとひどいことを言われるかもしれない。友だちの前で私をいじめるかもしれない。明後日も、その先もずっと続くかもしれない……。

現実には、まだ何も起こっていません。明日、もし彼に会っても、今日言ったことさえ忘れているかもしれません。また、「邪魔」と言ったのは、たまたま虫の居所が悪かったのかもしれません。もしかしたら、写真を撮ろうとしていたところに、たまたまあなたが通ったとか、そういう物理的なことがあって、思わず言葉を発したのかもしれません。

もし、悪気があった、いじめだったとしたら……。それはきっと、いつか報いを受けるはずです。人に冷たい態度をとれば、自分も同じように冷たくされるのです。その逆も同じです。人にやさしく接すれば、相手はきっとやさしく接してくれるでしょう。人を大事に思って尊重すれば、あなたも尊重されることでしょう。

どうせ想像をするのなら、別なストーリーを考えてみてはどうでしょうか。

これから大人になっていく過程で彼も苦労をして、人の心の痛みを知るようになる。やがて心をあらためて、やさしくて立派な人になるかもしれない。そうしたら、いい酒を酌み交わせるかもしれない……というぐらい、想像をふくらませてみてはどうでしょう。

これは自分を鍛錬する、一種のトレーニングです。自分の心を強くしましょう。誰かがなにかをしてくれるだろう、霊媒師さんがなんとかしてくれるだろう……ではありません。人生は自己責任です。

ネガティブな考えが頭をもたげてきたときには、他のことを考えたり、楽しいことを想像したりして、早く切り替えましょう。相手の本意がわからなくても、自分がつらくないように、自分が生きていきやすいように解釈をすればいいのです。

## ③他力本願をあらためて、やるべきことをやる

自分の人生は、自分が選択して決断したもので、行動に起こすのは、あくまでも自分です。自分自身が変わろうと努力しない人間には、望む結果はついてこないでしょう。

例えば、「大学受験に合格しますように」と全国の神社を回って祈願して、学業のお守りを集める。これで試験に受かるでしょうか？　それは「他力本願」であり、単なるお守りマニアです。そんな時間や労力があったら、本気で勉強をしたほうが合格につながります。

自らがやるべきことをしっかりやった上で、あとは天にまかせる、ということはあるでしょう。そう、「人事を尽くして天命を待つ」です。

また、捨て身の覚悟でものごとに取り組めば、危機を脱することができて、新しい発見があるかもしれません。「身を捨ててこそ浮かぶ瀬もあれ」です。

僕の大好きな上杉謙信公の言葉にもあります。

「運は天にあり、鎧は胸にあり、手柄は足にあり。いつも敵を我が掌中に入れて合戦すべし。死なんと戦えば必ず生き、生きんと戦えば必ず死するものなり」

運は天が決めるもので、自分にはどうしようもない。でも、鎧を胸に着けるように自分の身を守る準備はできる。「生きよう、生きよう」と思って弱腰で戦っていては失敗する。「よし、ここで全力を出すぞ。それでダメならしかたがない」というくらいの覚悟で挑めば、大丈夫なものです。

一歩踏み出すことは、とてつもなく怖いかもしれません。でも、だからこそ、勇気を出した先に、新しい展開が待っているのです。

## ④自分の可能性に制限をつけない。自分を信じる

本来、人は皆、無限の可能性を持っています。ところが、多くの人はその可能性を否定して生きています。

「私には無理」「できるわけがない」「どうせ、できない。やってもムダ」

やる前からいろいろと考えて、結局行動に移さないのです。

特に自分がネガティブだという人は、思い当たるのではないでしょうか。想像して自分のキャラクターを作っていると、もうそこが限界になってしまいます。

もしも仕事で、大きなチャンスがやってきたらどうでしょうか?

「このプロジェクト、あなた、やってみない?」と声がかかった瞬間。それがチャンスです。チャンスをつかむには、それに乗っかるのです。

「いずれ、やれたらいいな」では、二度とチャンスは訪れません。チャンスをつかんだ他の人に仕事は回っていくのですから。

「うまくできるかどうかわからないけど、声をかけてくれたのは自分にも芽があるということかな?」

と思いながら、ドキドキする気持ちを抱えて、飛び込んでみる。

「やってみます！」

そう言ったときにこそ、道は開かれます。まさに運が開いていくのです。

自分の可能性を信じること。人を信じること。どんなことでも同じです。

では、自分自身を信じるには、どうしたらいいと思いますか？

まず、自分を好きになることです。「こんな自分はイヤだ」と否定するのではなく、「今の、この私でいい」と自分を認めましょう。

## ⑤「対人関係は鏡」と知る

例えば、相手が善意で言葉をかけてくれたとします。

「あなた、仕事がたいへんそうだね。手伝ってあげるよ」と言ったとしても「どうせ裏があるでしょう。あとで、もっとたくさん仕事を回すつもりなんだろう」

そんなふうに考えたりしませんか。「裏がある」と考えるのは、自分に裏があるからなのです。

素直な人であれば、こんなふうに言うかもしれません。

「わあ、ありがとうございます！　とても助かります。うれしい〜。今度、あなたがたいへんなときは、私がお手伝いします」

人の善意、美しい気持ちを素直に受け取れない人間は、自分の心が醜いのかもしれません。わかっているけれど、感謝や喜びをうまく表現できないということであれば、少しずつ、素直に受け取る練習をしていきましょう。

対人関係は、常に鏡です。そして、世の中の事象は、自分の心の反映だといえます。だから、それにどう対応するかも鍛錬となるのです。

「相手の言葉が善意かどうか、わからない」というかもしれませんね。

僕は「自分はだますより、だまされるほうがいい」という考え方です。

「○○さんを信じていたのに、高価な壺を買わされた。でも、言うほどの価値はなかった。だから、もうむやみに他人を信じない」

そのときはいいと思って買ったけれど、あとで冷静になってみたら、実はそうでもなかった。それは、ひとつの経験です。次は信じないというのも選択のひとつです。

では、本当にいいもの、めったにないチャンスが目の前に巡ってきたら、どうでしょうか?

「前に壺で痛い目にあったから、絶対に手を出さない」と、かたくなに拒んで、本当にいい出会いを逃すかもしれません。

あなたの選択ですから、悪いとは言いません。でも、失敗に思える経験から、本物を見極める目を養っていたら……。過去の経験から学び、それがあったからこそいい物を手にして、大きな喜びを得たかもしれません。今までのパターンを変える、いいチャンスになったかもしれません。

失敗は、学びに生かすチャンスです。日常のどんなことも学びになります。常に「自分を磨く」ということを意識したいものです。

## ⑥夜には考えない

ネガティブにならない対策として、「夜は考えないこと」をおすすめします。

そもそも人間は、夜行性の動物ではありません。哺乳類が進化して人間の肉体になったわけですが、もともと人間は危険なことが多い夜は行動しないのです。夜には恐怖を覚える遺伝子が、人間の細胞に組み込まれています。そのため、人間は無条件で夜が怖いのです。

夜に考えごとをすると、やがて恐怖や不安に支配されて、ネガティブな方向に考えがいきがちです。どんなにポジティブ思考の人でも、だんだんとよからぬ方向に考えていってしまう傾向にあります。

ですから、夜は寝てしまうのが一番です。幸い現代は、太古の時代と違って野生動物に襲われる心配もなければ、雨風にさらされることもなく、安心して布団で眠ることができます。

お天道さまが出る頃に布団から出て、「おはよ～」と体でのびをしてから、ものごとを考えましょう。

また、東洋思想では、時間にも気脈があると考えます。夜は心身のバランスが崩れてしまいがちで、本来の自分ではなくなってしまう可能性が高いのです。感傷的になりやすいのも、そのためでしょう。

さらに、夜更かしや昼夜逆転の生活になると、交感神経と副交感神経からなる自律神経のバランスが崩れがちです。

本来は、夜の8時か9時には活動をやめて、あとはお風呂に入ってリラックスしたり、ストレッチや瞑想をしたりするなど、ゆっくりと過ごして、早々に布団に入るのが理想です。夜遅くの仕事や夜勤があるなどの場合には、何もしない一日を作って、ちゃんと夜に寝る生活をすること。そうした日を週に1、2回設けて、バランスを保ちましょう。乱れたサイクルを軌道修正するのです。生活のリズムのあく抜き、悪習慣の悪抜きともえます。

## ⑦呼吸を整える

まずは、呼吸を整えましょう。

緊張すると呼吸が浅くなります。下ばかり見ていると猫背になって、肺に空気がたくさん入らなくなってしまいます。そして、視野も狭くなってしまいます。ストレス、不安や恐れで呼吸が乱れてくることもあるでしょう。息が荒くなったり、頭がぼーっとしたりするとき、もしかして酸素が十分に体にめぐっていないかもしれません。それでは、なにかを考えることには適していないでしょう。

「もっとドキドキさせたい」とか「ゆっくりの鼓動にして」とか、人は心臓の動きを自分でコントロールすることはできません。でも、呼吸はコントロールできるのです。その結果、気分が落ち着くことが多いものです。

ゆっくり息を吐いて〜、吐ききったら、自然に息を吸い込めるものです。これを繰り返して、心と体を落ち着けましょう。それが、ものごとを冷静に見て判断することにも役立ちます。

## ⑧好きなことに没頭する

趣味など、自分の好きなことに没頭するのは、癒やしになり、心の浄化にもつながります。

僕はなにかつらいことがあると、考古学の勉強をしたり、発掘現場に行ったり、博物館に行ったりします。すると、心が落ち着いて、再び気力が戻ってくるのです。くさくさしていた気持ちが遺跡を見た途端に「いいねえ〜、ここがたまらないなあ」と、その世界に没頭。さっきまで悩んでいたことを忘れてしまいます。

趣味があれば、思い切り楽しみましょう。本を読む、映画を見る、お花を生ける、ガーデニング、料理を作る、ダンスをする、美術館に行く、好きな音楽を聴く、登山やハイキングに行く……などなど。

また、スポーツに没頭するのもいいですね。例えば、サッカーで真剣にボールを追っている瞬間、「あ〜あのとき、仕事で失敗しちゃって……」なんて考えませんから。

自分が心から好きなもの、アイデンティティーを保てること、そこに身を置くこと。不安や心配ごとを忘れられて、元気が出てくる、そんなアイテムを、いくつか持っておくといいですね。

## ⑨やる前に余計なことを考えない

なにかを始めようと思ったら、やる前からいろいろと考えないことです。

もちろん、準備が必要なこともあるでしょう。リサーチや準備はするにこしたことはありません。しかし、やると決めたら余計なことは考えないこと。

「もしもうまくいかなかったら」「これで失敗したら……」

そんなことを考えてもしょうがありません。ぐるぐる考えが巡って、「じゃあやめよう」ということになりかねません。まだなにもやっていないのですから、なにが起こるかは誰にもわかりません。考えても不安に襲われるだけで、その時間はムダというもの。

「座して死を待つより、出でて活路を見出さん」

『三国志』で有名な、蜀の軍師・諸葛孔明の言葉です。やらないでじっとしていることもできるが、それならば、そのなかから活路を見いだしたほうがいい。

なにもできない、やろうとしない、なのに怖い。同じ恐怖心なら、チャレンジして味わう（かもしれない）未知の恐怖を体験してみてはどうでしょうか。

人が最期を迎えるとき、後悔するのは「やったこと」よりも「やらなかったこと」だといいます。「あれをやっておけばよかった」「こうしておけばよかった」と。戦わずして、手をこまねいて滅んでいく……。それでいいのでしょうか？

ところで、恐怖はどこからくると思いますか？　ひとつは無知であることです。知らない、わからないから、不安になって恐怖に怯えるのです。

マスコミなどから一方的な、ネガティブな情報ばかりを浴び続けていると、やがて、それに洗脳されてしまいます。ものを知らないと自分で考えなくなります。自分で考えないと、誰かに思考をコントロールされてしまいます。自分で考えないことが当たり前になってしまうと、本当に恐ろしいのです。

そうならないためにも大事なのは、まず、自分自身をよく知ることです。

## 運を落とさないために、やってはいけないこと

### ①人のお守りを拾わない

昔、道に落ちていたお守りを拾ったことがありました。お守りと、それを落とした人が気の毒に思えたのです。ところが、いっしょにいた父に言われました。

「お守りを拾うんじゃない」

お守りには、その人の念が入っています。それを落としたのは、厄が落ちたのかもしれないし、「この縁は終わった」という神さまからのメッセージとも考えられます。

落ちているお守りを見ても、そのまま放っておきましょう。

## ②お賽銭を拾わない

大きな神社の初詣などは、ものすごい人出です。お詣りに来たものの賽銭箱の前まで行くことができずに、遠くからお賽銭を投げる人もいます。これは父から聞いた話です。

若かりし頃の父は、ある年に明治神宮に初詣に行きました。大勢の人が参拝に来ていました。父は着ていたコートのフードに、後ろから投げ込まれたお賽銭が入っているのに気がついたそうです。

「おお、ラッキーなことがあるものだ」と、そのまま持ち帰ってしまったのです。

すると、帰る途中の駅で、転んで両足をケガしてしまいました。大叔父（祖母の弟）に、その話をすると、

「そんな、人の念の入ったものを持ち帰って来るな！」と叱られたそうです。

正月早々ケガをしたのは、バチが当たったのでしょうか。そのあと、拾ったお賽銭は賽銭箱に納めたそうです。

もし他人のお賽銭を拾ったら、賽銭箱に入れましょう。もともとそこに入るはずのものだったのですから。

## ③土地の神さまにおしっこをしない

これは、子どもの頃に工事現場で会ったガードマンさんに聞いた話です。

外で遊んでいるとトイレに行きたくなることがあります。男の子は、ついそのへんで……と考えることもあります（昔はのどかでした）。それを察したのか、ガードマンさんは、僕に話し始めました。

近くの敷地では地鎮祭の準備がされていて、それを指さして言うのです。

「あそこの砂山に絶対、いたずらをしちゃいけないよ。おじさんは小さい頃に、そこにおしっこをして大変な目にあったんだ」

地鎮祭の砂山に、いたずら気分でおしっこをしたそうです。すると、そのあとに高熱が出て、1週間経っても具合がよくならない。病院でも原因がわからず、治療ができません。そこで、高島易断でみてもらったところ、

「あなた、土地の神さまにおしっこをかけたでしょう。そのバチですよ」と。

お祓いをしてもらい、熱は下がって体調は戻ったそうです。でも、子どもができない体になったというのです。それを聞いた僕は、子ども心にゾッとしました。

おばあちゃんからも、気をつけるように言われたことがあります。

「もし立ち小便をしたら、必ず土地の神さまにお詫びを言いなさい。そうしないとバチが当たるよ。お題目を唱えて『神さま、ごめんなさい』とお詫びするんだよ」

子どもも大人も関係ありませんが、用を足すときはトイレに行くのが原則、ということです。

## ④むやみに手を合わせない

これは前述しましたが、交通事故の現場や無縁仏など、自分にゆかりのないところでは、霊感がない人は、むやみに手を合わせないことです。

「かわいそうに」「安らかにお眠りください」など、その場で思いを寄せると、その土地にいる自縛霊（地縛霊）が「この人はわかってくれる」と取り憑くことがあるからです。事故現場の花を見たら、「ここで事故があったのか、気をつけよう」と通り過ぎればいいのです。

## 神社でお詣りするときの作法

神社やお寺に行ったとき、あなたはどんな態度でお詣りしていますか？　神さまに、お願いばかりしていませんか？　僕はこんな感じです。

「〇〇の神さま、いつもありがとうございます。東京の東久留米から来た旭晄進です。多くの人のために僕は頑張りますので、どうぞ見ていてください」

まずは、「いつもありがとうございます」と神さまへのお礼から始めます。そして、お願いをするのにも、コツがあります。

祝詞では「かけまくもかしこき……かしこみ、かしこみもうす」という祓詞《はらえことば》がありますが、それは「私ごときが、誠に恐れ多いことでございます」という意味。つまり、神さまの前では〝低姿勢でお詣りする〟のがポイントです。

お礼もなく、いきなり「いい人と結婚できますように！　一年以内に！」などというのは、ずうずうしい話です。例えば、こんな感じでお詣りしてみましょう。

「いつもありがとうございます。私は日々、一生懸命頑張っています。もし、いいご縁がありましたら、チャンスを逃さないように頑張りますので、どうぞ神さま、応援してください」

どうでしょうか？　要求だけするのではなく、「自分も努力しますから、ご縁がありますように」と希望を伝えるのです。例えば、先輩と後輩の関係なら、先輩にかわいがられる後輩のイメージでしょうか。

「よしよし、わかった。いい奴がいたら、お前に紹介してやるよ。俺が面倒をみてやるからな」という気にさせるような、そんな拝み方です。

感謝の気持ちもなく、なんでもずうずうしくお願いするのは……。

「先輩～、俺、今度、会社を立ち上げるんで、ちょっと金を貸してくださいよ」と言っているようなものです。先輩は、どう思うでしょうか？

「冗談じゃないよ。なんでお前に金を貸さなきゃいけないの？　お前が俺に投資させるような価値があるのかよ。なにがあるのか、見せなさいよ」となるでしょう。

感謝の気持ち、謙虚であること、そして自分自身がちゃんと努力すること。それがあっての神さまへのお詣りです。

そもそも神社は、お願いに行くところではなく、感謝をしに行くところです。

「おかげさまで、無事に過ごすことができました。ありがとうございます」

「おかげさまで、いいご縁があり、家族ができ、皆が元気に過ごしています。ありがとうございます」

神さまへのご報告をする。お詣りしたあとには、おいしいものを食べて、笑顔になって、また健康で過ごす。三重県の伊勢神宮には、参道に「おかげ横丁」がありますが、まさにそれを体験できます。

また、神社で「笑門来福」の注連飾りを見かけることもあるでしょう。「笑う門には福来たる」。開運の基本は笑顔です。こうした日本人の原点を忘れないようにして、お詣りしましょう。

## 人生のゴールとは?

勇気を出して新しい世界に飛び込んでみて、また問題が見えたら、ひとつずつ解決していく。成功者だって、失敗や困難を乗り越えたから成功したのです。僕らは成功したところしか見ていないけど、実際にはたくさん問題や困難にぶつかったはずです。優雅に泳ぐ白鳥が、水中で必死に水を掻いているのと同じです。そういうことを想像しないで、今だけを見ていませんか?

あなたは、何をもってゴールとしますか?

自分が理想とするハッピーな人生の、ハッピーなゴール、完璧なゴールを目指すからつらくなるのです。理想のゴールと比べて、「もう無理だ」と思ってしまう。

でも、生きているときはゴールなどないのです。人は死ぬまで人生が続くのです。その死んだ時点が、自分のゴールなのです。

## コロナ禍は原点に帰るとき

新型コロナウイルス感染症の蔓延で、私たちの生活は一変しました。

僕は前から言っていたのですが、朝の通勤ラッシュ、満員電車は人間の乗り物ではないと思います。ぎゅうぎゅう詰めで身動きができず、プライバシーの空間もない。それが、新型コロナウイルスの感染拡大防止のために緊急事態宣言が発令されて、電車に乗る人が激減しました。日本の名物となっている朝のラッシュが、見事に解消されたのです(一時的でしたが)。

新型コロナウイルスは、人類がいったん立ち止まって「人間が人間らしく生きるとは?」ということを考える、原点に回帰するためのきっかけになりました。

今まで、疑うことなく会社に行って、仕事をして、飲みに行って、お金に追われていた生活。プライベートを犠牲にして仕事に人生を捧げてきた生活。そうした生き方を見直して、ペースを緩める機会になったのではないでしょうか。

コロナ禍の大変な時代ですが、いい意味で、生まれ変わるチャンスだと思うこともできます。生まれるためには、多くの痛みも伴うかもしれません。今まで一生懸命に働いてきたのだから、生き方を見直すことが許される時期です。また、見直すことを自分に許してはどうでしょうか。

今、東京から離れていく人が増えているといいます。テレワークが浸透して通勤する必要がなくなれば、どこに住んでもいいからです。家族と過ごす時間や趣味に費やす時間もとれて、プライベートも充実するでしょう。そう柔軟に考えて、自分の可能性を広げていけばいいと思います。

社会の価値観は、いつの間にか経済、つまりお金が中心になっていました。本来、お金は生活を営むための道具のひとつであったはずです。お金を稼ぐために会社に行く、そのために満員電車に乗る、家族と過ごせないのはしょうがない……。そういう誰かが作った価値観、その連鎖から外れていく、今はいいタイミングといえます。

コロナ禍で絶望するのではなく、生まれ変わる時期、大きなチャンスだと考えてみませんか？　ありきたりな言葉ですが、「逆境をプラスに」「ピンチをチャンスに」です。でも、他人がいくら言ってもダメで、自分で変わろうとしなくては変わることはできません。だって、自分の人生なのですから。

「変わる」と言うと、なにか大きなことをしなくていけないと思うかもしれませんが、それは違います。ほんのちょっとでいいのです。

今までの自分、プラスアルファ、「ちょっと味付けをしてみよう」という感じです。カレーの隠し味に、ちょっぴりソースを加えてみる。しょうゆがいいかもしれない。いやいや、私はチョコレートを入れてみる……。そうして、自分の味を作っていけばいいのです。

試行錯誤しながらチャレンジすることが、やがて自分の味になるのです。

ところで、最近、サラリーマンが倒産寸前の会社を買うことがあるようです。ゆくゆくは脱サラして、自分が事業を継承しようと考えているのか、あるいは投資目的のケースもあるかもしれません。以前では考えられないと思いますが、サラリーマンでも会社を買えるチャンスが訪れているのです。コロナ禍にあっても、こういうプラス思考の人が、現にいるということ。

同じ状況に身を置いて、絶望する人がいる一方で、チャンスと捉える人がいる。どちらも同じ人間がやっていること。面白いものです。

## 誰もが不安な今、孤独に陥らないこと

多くの人が新型コロナウイルス感染症の影響を受けています。収入が激減した、会社が倒産した、

リストラにあったなど、サラリーマン社会は厳しいものです。しかし、サラリーマンに限らず、今の時代を生きる人には、多かれ少なかれ影響が及んでいると思います。

自分だけが社会から取り残されている。孤独感にさいなまれて、寂しい思いをしている。そう感じがちです。しかし、今は社会全体がそういう状況なのですから、しょうがないといえます。ですから、「自分だけ」という孤独感に陥らないことが大事です。

僕も会社を経営しているので、先行きがどうなるか見通しが立たず、不安になることがあります。正直いって怖いです。けれど、多くの会社が倒産している今、もし自分もコケてしまったら、「これはしょうがないや」と思います。だって、コロナ禍だもの。だって、神さまがやることには逆らえないもの。

思い出してみてください。阪神淡路大震災や東日本大震災を。自分の力では、どうしようもないことが起こるのです。そのなかで生き延びる術を考えて、それをやっていくしかない。

サラリーマンは、社会的なひとつの立場です。でも、その前に、あなたは人間です。新型コロナによって、感染するのではないかと不安になっている。経済状態が悪化して、リストラされるのではないか、住宅ローンが払えないのではないか……など、不安になっている。でも、自分だけじゃない。ほとんどの人は不安なのです。今はまず、自分が生き延びることを考えましょう。

## 男性よ、プライドを捨てて生きのびよう

男性は、肉体的な強さはあるけれど、心は意外に弱いといわれます。一方、女性は、肉体的には弱くできているけれども精神的には強い。女性は母親になる身であって、子どもを育てるという体のシステムを備えているから、母性からくる強さかもしれません。また、仲間やコミュニティを作って生き延びる賢さや柔軟さも持ち合わせています。そう考えると、男性が強くて弱いのは、動物としての本能なのかもしれません。そして、男はプライドが高いといえます。

「俺は今までこの仕事をやってきたから他の仕事はできない。サラリーマンしかできない」

それは誰が決めたのでしょう？　自分でそう言っているだけでしょう。会社が倒産してサラリーマンでなくなったとしても、他に仕事がないかというと、そんなことはありません。僕が従事する建設業界にはたくさん仕事があって、いつでも人を募集しています。また、介護業界では慢性的に人材が不足しています。

そう、「俺はこの仕事しかできない」「もっとこうしたい」と自分で仕事を選んでいるのです。この期に及んで「年収がいくら以上でないとやらない」とか。

そのプライドを捨てれば、仕事はいくらでもあります。

あなたの大切な家族はどうでしょうか？　父親、夫が、生きるために一生懸命頑張っていれば、家

族は応援するでしょう。でも、「いつかもっといい仕事に就くからな」と酒を飲んでくだを巻いていたら、家族にそっぽを向かれてしまいます。

要は、本気で生きようとしているかどうかです。最初から道があるわけではありません。一生懸命に生きて、そうして歩いた先で、振り返ったときに道ができているのです。

## 変わることでチャンスが広がる

「人生は平らである」と日蓮聖人は言いました。

いいこともあれば、悪いこともある。結果的に振り返ったら、人生は平らである、と。そのときにはどん底まで落ちても、その先には必ずいいことがあります。

もがいていいのです。もがくことは恥ずかしいですか？　情けないことですか？　働くために頭を下げればいい。仕事は本気で探せば絶対あります。たしかに年齢や状況によっては制限があるかもしれない。でも、絶対に必要とされているポジションがあるはずです。

今、本気で守るべきものを、どうしたら守ることができるのか。僕なら、地方に行くかもしれません。また、家族と離れて独り身になる選択もあるかもしれない。いろいろな考えや選択があるのです。「何もできない」という選択を選んでいるのは、自分だと認めましょう。

逆に考えれば、可能性はたくさんある。「今は可能性を見つけるチャンスなのだ」と思えばいいのです。違う自分を見つけるチャンスです。ひと握りの勇気を持って、今までの自分を変えましょう。その勇気があれば、あとはなんとかなります。

新しいことにチャレンジするのは怖いかもしれませんが、今はそれにトライしないといけないのです。なぜなら、これまでの常識がひっくり返るほど、社会は大きく変わっているから。それに応じて、自分が変わることで生き延びるチャンスが広がるのです。

## 自分の人生を浄化して、生き直す

「助けてください！　もうダメです！」

切羽詰まった声で、電話がかかってきます。最初は「会社の借金が大変だ」という話だったのですが、おかしいなと思ってよく話を聞くと、彼は「法に触れることをしてしまった」と、やっと本当のことを話しました。

それ以来、朝も夜も関係なく、24時間、こちらの都合をかまわずに電話がかかってくるようになりました。僕は、彼に言いました。

「罪を認めて、相手から訴えられなさい。あなたはお金もないのだし、相手に訴えられて、浄化しなさない」

「もうダメかもしれません……」

「僕がダメというのは、死ぬときだけ。それ以外はダメじゃありませんから。スピリチュアル的にいうならば、そう簡単に人は死なないですよ」

自分の人生は、自分が諦めない限り、誰にも諦めさせる権利はありません。自分の人生を輝かせるのも、幕を引くのも、自分しかできません。誰も肩代わりはしてくれません。自分の人生は、すべて自分の責任で生きていかなくてはいけないのです。

こうした相談がきたときに、僕は会社を倒産させた経験があるので、似たような状況にある相手の心理を読みながら、具体的な方法を話します。もし裁判で訴えられても、訴えた相手も費用や時間がかかって面倒ですから、その前に相手と交渉する余地はあるのです。

しかし、僕がなにを言っても、もう彼の耳には入りません。追い詰められて、冷静になれないのです。

「もうダメです、おしまいです」と繰り返す彼に、なにを言ってもムダです。ですから、

「好きにしなさい」と言います。

どうしたいのか、本人がはっきり決めなければ、こちらができることはないのです。

あなたは生きたいの？　戦いたいの？　なにもかも投げ捨てて逃げることだってできるのです。

弁護士に相談するのだって同じです。倒産するのか、会社を立て直すのか、相手と戦うのか。どう

するのか決めないと、弁護士は方針を示すことができません。

「あなたはどうして、そんなに冷静なんですか？」と聞かれました。

「僕は、前に地獄を見ているから」と答えました。

「身を捨ててこそ浮かぶ瀬もある、ですよ。自己破産するつもりで、ぶつかってみたらどうですか。訴えられて、一回、身をきれいにしましょうよ」

「……わかりました。考えます」

そう言って彼は電話を切りました。

浄化というのは、一度死んだ気になってやってみること。どん底まで落ちて、そこから生まれ変わるのです。山伏の修行と同じです。滝行で上流から木が落ちてきて、それに当たって命を落とす人だっています。自然が相手ですから、なにが起こるかわかりません。

しかし、これは特別なことではありません。日々の生活だって同じです。「生活すること＝命」なのですから、命をかけるのはすべてのことに、です。この世に中途半端なことはありません。

彼は、自分が犯罪者として「新聞に出るのがこわい」と言っていました。生き延びようとするものの、自分のやったことが世間に知れるのがイヤなのです。すべては自分の責任なのに、まだ見栄を張って、きれいな身でいようとしているのがわかります。そこにカタを付けないで、借金を返すために友人や知人からお金を借りようとする。それは、その人たちを騙すことになるというのに。

彼に、自分でやったことの責任を背負って、法で裁いてもらって浄化することを勧めました。いろいろと身にしみついた、しがらみをすべて取り除くのです。彼にお金を貸した人は損かもしれませんが、それが銀行なら、むこうも商売です。この人に投資して、銀行はいくら金を稼げるか、なのです。

実は、僕には銀行員のクライアントさんが何人もいます。仕事と自分の良心の間で心のバランスを崩している人は本当に多いです。

「あの会社の社長にお金を貸してあげたいが、上司に稟議を上げても通らない。社長に『もう死ぬ』と言われています。僕は、どうしたらいいのでしょう?」

「割り切りなさい」と僕は言います。

「あなたは、お金を貸すことが仕事なのです。その人を本当に救いたいのなら、あなたが連帯保証人になって、その人のためにお金を借りてあげなさい。それができないのなら、中途半端なことはしないことです」

冷たく聞こえるかもしれませんが、世の中はそういうことなのです。自分の身内のように親身になっても、どうしようもないこともあります。やさしい営業マンであるほど、心が壊れてしまうでしょう。

そんななかでクライアントさんから、

「あれから営業部を離れました。先生のおかげで、自分は救われました」と言われることもあります。

また、銀行を辞めた方もいます。性格的に向かない、このまま続けるのが苦しいとわかったのでしょう。

## お釈迦さまはリアリスト

実は、お釈迦さまも、かなりのリアリストでした。さまざまな説法が伝わるなかに、次のようなものがあります。

「釈迦よ、僕らの友だちが自殺しようとしているよ。どうすればいいのだ？」
「死にたい者は死なせればいい」

それが、お釈迦さまの答えでした。

死にたい人に対して、「いや、あなたは間違っています」とは言わない。自分の考えを押しつけないし、それもまた人生なのだということでしょう。

会社を経営していると、本当にいろいろなことがあるものです。しかし、つらいのは皆いっしょであり、そのなかで生きていかなくてはいけない。一種の戦場なのです。

だから、それをどう乗り越えていくか。己の心がけ次第です。たとえ、誰かがあなたを助けたいと思っても、あなた自身が覚悟をしていなければ、周りはなにもできません。

僕は、困難な状況にある人の話を聞き、相談にのることはできるけれど、最終的な選択と決断は本人がするしかありません。自分の人生の責任は、自分にあるのですから。

## 空を見る。同じ地獄なら、生きる地獄を選ぶ

僕は、よく空を見ます。しかし、会社が倒産する前後の時期は空を見た記憶がありません。空を見る心の余裕がなかったのです。いえ、まわりの景色、近くにあるコンビニの様子ひとつ、見る余裕がなかった。すべては灰色、モノクロで色がない世界。怖くて、怖くて、生きているのは地獄だと思いました。だから、今、不安に思っている人の気持ちがよくわかります。

その頃、2月から3月へと季節が春に向かっていたのですが、桜の花を見た記憶がないのです。つぼみから七分咲き、満開、そして、はらはらと散る桜、残る桜……。

桜にも代表されるように、日本人には潔く死ぬことが、どこか美しいという国民感情があると思います。そして僕も、醜く生きるよりは死を選ぶということを考えました。それでも、心のどこかで、なんとか踏ん張ろうとしていました。

自分が終わりだと思わなければ、終わりではない。そう思って、生きる道を選びました。

実際、人間はそう簡単には死ねないものです。もしも、死を決断したのなら、それを別なほうに向けて欲しい。自殺の判断は地獄です。そこまでの地獄を選ぶ勇気があるのなら、生きる地獄を選びま

しょう。それは、この世で生まれ変わることです。この世で地獄を見たのだから、この世で生まれ変われます。

心に地獄ひとつ、抱えて生きている、現代の人々。それはまた、極楽にも変わるのです。

ところで、自ら命を絶つことは、武士道の世界観からきているのだと思います。それは当時の社会背景があっての文化です。400年前は、悪いことをすれば首を切られることも、皆が知る常識でした。でも、今はまったく時代が違います。常識や文化は、時代によって変化していくのです。

昔はよく「男のくせに泣くもんじゃない」と言われたものです。でも、僕はカウンセリングの最中に感極まって泣いてしまいます。だって、人間ですから。心が動いたら自然に涙があふれてくるのです。「男が泣くものではない」というのは、源頼朝の時代の話。だから、僕には関係ないのです。

## 完璧主義をやめて、「修理固成」で生きる

人生につまずいたと感じる人に多いのは、完璧主義を目指しすぎるということ。完璧な世の中なんてありません。

僕は仕事で道路を造っていますが、完璧な道路など造れるはずがありません。車が通れば劣化していくし、風雪など長年の自然環境でも変化します。また、その時代に必要とされる道路の条件も変わ

ります。

日本の国が生まれる神話では、神さまの託宣として次の言葉が『古事記』に記されています。

「修理固成《つくりかためなせ》」

天之御中主神《あめのみなかみぬしのかみ》が、伊邪那岐《いざなぎ》と伊邪那美《いざなみ》の神に「修理をしながら、国を固め成していきなさい」と命じました。手直しをしながら、よりよいものになるように磨いていこうということです。そして、淡路島、四国、隠岐島、九州などが創られ、日本が生まれました。

戦国武将の武田信玄は「戦の勝利は五分で上、七分で中、十分は下」と考えていました。完全に勝利したら、おごりを生んでしまうからです。

完璧ではないからこそ、美しいのです。完璧ではないから、伸びしろがあるのです。余白があるから、いろいろな色に塗ることができます。最初から完璧だと、色を塗る隙などない、もうなにも手を加えることがで

天之御中主神をお祀りしている滋賀県日雲神社での神道修養。

きないのです。

完璧であろうとするのは、すなわち、人目を気にして「きれいであろう、うまく見せよう、立派に見せよう」と思っているから。でも、人の目を意識すればするほど、完璧のハードルは高くなり、それに縛られて苦しくなってしまうでしょう。

自分の人生なのですから、他人の目や価値観は関係ありません。自分の好きなようにすればいいのです。でこぼこがあってもいいじゃないですか。それはあなたの個性、味になります。恥が多くてもいいじゃないですか。それはあなたを磨き、のちに魅力的に輝かせます。そして、誰に迷惑をかけるわけではありません。

完璧を目指そうとする時点で、向かう方向が違うのです。だって、もともと完璧なものなんてないのですから。

僕は霊媒師、スピリチュアルカウンセラーを名乗っていますが、神さまみたいな人間というわけではありません。短気だし、せっかちだし、人から見たらよくないところが多々あるでしょう。お互いそういう人間なのだから、そのなかでお互いが認め合っていきましょう、というのが僕の考えです。

## 人生はドライブ、景色を見る余裕を持とう

人生は、車の運転、ドライブのようなものです。どこへ行くのか、誰と行くのか、のんびり行くのか、急ぐのか。僕は、若い頃はスポーツタイプの車でスピードを出すのが好きでした。長いドライバー経験のなかでは、他の車にあおられたこともあるし、嫌がらせされてカチンときたことは何度もあります。でも、そのときにメッセージを感じました。

「流れに乗ることを覚えなさい」

なるほど、そうか、と思いました。自分だけが早く行けばいい、そんな自分本位ではいけない。流れに乗ってスムーズに走ることを意識しなくてはいけないのだな、人生も同じだな、と。

車の運転は、まさに人生と同じです。

高速道路を走っているとしましょう。それぞれの車は、いろんなインターチェンジから入ってきたり、下りていったりします。見知らぬドライバーが数分間、同じルートを走るわけです。人生もそうです。いろんな時期に、さまざまな人と出会い、時間をともにします。

どこのパーキングで休むか、どこのインターチェンジで降りるか、皆それぞれ違います。どこかで出会って意気投合して、いっしょにツーリングしようという人が現れるかもしれない。また、家族が増えたり、減ったりすることもあるでしょう。子どもがいればファミリーカーでみんなで移動するで

しょうし、やがてそれぞれが自分の車で、自分の道を走り出すことになる。最初は若葉マークだったのが、徐々に慣れていくことでしょう。そのうち、親と子の別れのときもやってきます。

「俺たちは疲れたから、次のインターで降りて、あとはのんびり一般道を行くよ。お前たちはどこまで行くのかわからないけど、気をつけて。安全運転で行くんだよ」

「わかった、ありがとう。行けるところまで行ってみるよ」

「うん。私は海外の道も走ってみたいな」

家族であっても、一人ひとりの人生ですから、それぞれの道を走ります。運転のしかたも、性格を表して個性があるでしょう。

高速道路では、猛スピードでバンバンと車を抜いていくスポーツカーもいます。そういう人は、同じように目立つ車の標的になって、気がついたら、どっちが速いか競っています。彼らは、スピードに価値を置いている人たち。周りの美しい景色を楽しむことなく、猛スピードの緊張感のなか、狭い視野で生きています。

一方、休憩しながらのんびりとドライブしている人は、

「へー、こんな山があるんだ」「あら、紅葉が始まっているね」

「なんてきれいな夕焼け！」と道中を楽しめるわけです。

人生もそうあるべきだと、僕は思います。アクセルを踏みっぱなしだと、緊張が続いて疲れてしま

います。ときどき休憩を入れながら、周りを見る余裕を持ちなさい、と思うのです。余裕がないと運転が荒くなったり、注意力散漫になったりして事故につながる可能性が高くなるし、へんな車にからまれてしまうかもしれません。

「ああ、変な車がいるな」と思ったら、左の斜線に車を寄せて、気に留めないでマイペースで行けばいい。相手にしないで、「お先にどうぞ」です。

安全に流れに乗って、そしてマナーを守って。ルール違反をすれば、警察に捕まります。それが社会のルールです。ドライブは、社会の縮図なのです。

# 第6章

# 天災とスピリチュアル

## ――霊媒師として生きる覚悟――

## ラジオと父

「あなた、有名になるから」と会った瞬間に言った、高島易断の象英先生。

「え？　僕、有名になるんですか？」と言ったら、

「あんた、絶対に有名になる」と断言。

また、僕のことをみてくれたカウンセラーも、僕がマスコミ受けすると思ったようです。突然、マスコミの人に紹介されて、テレビ局に呼ばれたことがありました。

しかし、僕はまだ霊媒師でもなく、カウンセリングもしていなかったので、表に出る気はまったくありませんでした。

その頃、父が夢に出てきて、こう言っていたのです。

「お前、テレビはやめろ。テレビは全部、作られた世界なんだから、お前が見世物になるだけだ。だから、やめておけ。お前は、いずれラジオで話す機会が出てくるだろう。そうだ、ラジオにしろ」

「ラジオ？　ラジオで話す機会なんか、ねえだろ」と、僕は思ったのです。

そのことをすっかり忘れていました。それから10年近く経った2018年の暮れ、毎年恒例の東久留米市商工会の集まりに参加したときのこと。

「お前、面白いよ。ラジオでパーソナリティとしてしゃべって欲しい」と突然、言われました。ラジ

オの制作を担当している人が来ていたのです。

「え？　俺？　霊媒師なんだけど、そういう話をしていいの？」

「なんでもいいよ。社長、面白いから！」

それで、ラジオで霊媒師であることをカミングアウトしました。霊媒師としての自分の姿を（声ですが）、電波にのせて公開したのです。

２０１９年10月から、ＦＭひがしくるめ（東久留米）で「すすむちゃんのWonder Night」という1時間番組を月１回、担当することになりました。２０２０年10月からはスポンサーがついて、２時間番組に拡大されました。

ＦＭひがしくるめには多くの番組があって、有名なパーソナリティもたくさんいます。そんなプロ集団のなかで、素人がしゃべっているのは僕くらいなもの。地域のことや霊媒のこと、リスナーからの人生相談など、好きにしゃべらせてもらっています。

地域のコミュニティＦＭですが、スマートフォンのアプリでも聞けるので、北海道や沖縄など、遠方からもメールが届きます。番組内で答えられなかった相談には、メールでお返事することもあります。日頃のカウンセリングとは違う方向の相談も多く、僕も考えながら話すので、とてもいい勉強になっています。

ただ、深夜に近い時間帯の放送なので、霊の話をすると「怖すぎる！」という反応もあります。特に地元の人には、「あ、あの場所だ」だとわかるので、その怖さは一層のようです。

番組では、自分の人脈でゲストを呼んでいます。記念すべき2時間放送の第1回目には、僕が敬愛するアントニオ猪木さんが登場してくれました！　これには、本当に感激しました。

府中の演歌歌手がゲストで来られたのが縁で、僕も東京府中FM（ラジオフチューズ）に出演しました。そして、東京府中FMでも「すすむちゃんの正直な良い子」という番組を持つことになったのです。

父の言葉から10年。まるで導かれるような自然な形で、ラジオ出演を果たしている自分が、今も不思議でなりません。

## 40キロのダイエット

ラジオ番組では、ダイエットの専門家もゲストに迎えました。僕の体重は現在、約100キロ。これでも、40キロも減量したのです。4年前、新潟県上越市にある病院のダイエット外来に通ったのですが、そのときの主治医が前川智先生でした。

体重が140キロあったときは、息が苦しくて、睡眠時無呼吸症候群がひどかったのです。血圧も180くらいありました。完全なる肥満と高血圧です。

ある日、父が夢に出てきて、こう言うのです。

「お前、このままでは死んでしまうぞ。病院に行くか、おとなしくお父さんのところに来るか、どっちかを選べ」と。いきなりの言葉に仰天しましたが、

「病院、行くよ」と言いました。

朝起きて、いつものように仏壇の前で手を合わせていたら、母が泣きながら僕に言うのです。

「お父さんが夢に出てきて、あんたが『死ぬ』って言うのよ」

またまた、びっくり仰天です！　なんと、母と僕は同じ夢を見ていたのです。

「マズい、これは本当の話だ」

そう思って、僕は急いでパソコンに向かいました。インターネットで「ダイエット外来」を検索したら、最初に出てきたのが上越市の病院。僕が中学生の頃から尊敬する上杉謙信公のゆかりの地、「これぞ謙信公のお導き」と思い、すぐに予約を入れました。指定された日に病院に行くと、そのまま入院治療になりました。

そして、１週間で７キロ、痩せたのです。

「これは本物だ」と思って、帰宅してからも病院で指導されたことを続け、定期的に通院して、半年間で40キロ減量しました。それから４年間、その体重をキープしています。

あのとき、父が夢に出てこなかったら……。ダイエットをしないで、そのままの生活を続けていた

ら……。前川先生に出会わなかったら……。僕は、大切な母を悲しませていたかもしれません。父に感謝するばかりです。そして、こういう不思議なことが、たびたび起こるのです。

## 人生はスリリングで楽しいギャンブル

父は競馬が好きな人で、僕も子どもの頃には府中競馬場にいっしょに行ったことがあります。競馬場は独特の雰囲気があって、大人にはそういう遊びもあるのだなあ、と子ども心に思ったものです。父にとって競馬は暇つぶしの趣味なのですが、そこそこ勝っていたようです。

大人になってから、仕事先の付き合いで競馬や競艇に行ったことはありますが、賭けたことは一度もありません。パチンコもやったことがありません。父から「本当にお前は、俺と正反対だな」と言われるほどでした。

霊能力を使えば儲かるのではないか？と思われるかもしれませんが、それはダメです。欲が出て、能力を悪用すると目が曇ります。欲に負けないための修行ともいえるのですが、そもそも僕はギャンブルには興味がないのです。

なぜなら、人生がギャンブルだと思っているからです。これほどスリリングで面白いギャンブルが、他にあるでしょうか？

競馬やパチンコをする時間があったら、数珠を持って、空を拝んでいたほうがいい。ストレス解消がギャンブルだという人もいるかもしれませんね。僕はストレスを感じたら、数珠を握って空を仰ぎます。毘沙門天や神を感じるために。

空を見ながら、心をまっさらにして、無になっていく。そうすると、だんだんといろんな声が聞こえてきます。そのいろいろな声に、素直に耳を傾けます。そこで「えー？　まじ？」などと思うと、それはもう自分の声になってしまう。そういう自分を感じて、また心を無にして集中する。だから、これも修行のひとつです。

## 六根清浄が教えてくれること

本書でもたびたび登場する「六根清浄《ろっこんしょうじょう》」という言葉。ここで、その意味を少し説明したいと思います。「六根」とは、目・耳・鼻・舌・身・意のことで、五感（視覚・聴覚・嗅覚・味覚・触覚）と意識です。これらが私欲や煩悩を引き起こすとされています。「清浄」は、こうした私欲や煩悩から遠ざかること、汚れていない清らかな境地のこと。「六根清浄」とは、私欲を断ち切って、清らかな心になることをいいます。

神道の祝詞の中に「六根清浄大祓」があります。もしかして、聞いたことがある人もいるかもしれませんね。その一部を紹介します。

目に諸々の不浄を見て　心に諸々の不浄を見ず
耳に諸々の不浄を聞きて　心に諸々の不浄を聞かず
鼻に諸々の不浄を嗅ぎて　心に諸々の不浄を嗅がず
口に諸々の不浄を言いて　心に諸々の不浄を言わず
身に諸々の不浄を触れて　心に諸々の不浄を触れず
意に諸々の不浄を思いて　心に諸々の不浄を想わず
（『六根清浄大祓』より）

僕は、このように解釈しています。
この世は、宇宙は、神もなにもかも、すべては、同じところ（根）から始まっている。神は遠くにいるのではなく、お前たちとともにいるのだよ。自分の心を汚すということは、まさに自分といっしょにいる神を汚すことである。だから、神に後ろめたいことをしてはいけない。それすなわち、自分の心に後ろめたいことだから……。
生きていると、いろんなことが起こります。この世には汚れが多いけれど、それに染まって心の奥底まで毒されてはいけないよ。自分の心は常に清浄であることを心がけなさい……という教えが「六根清浄」です。

人の悪口を聞いて、面白いからといって自分も悪口を言ってはいけない。見て、聞いて、食して、触って、それが汚れたものであって、そのときは「そうだよね」と言ってしまうこともあるかもしれない。でも、心の中まで染まってはいけない。

例えば、電車の中で、どこも具合が悪くないのにシルバーシートに平然と座っている人がいて、席を譲ることなく、スマホをいじったりしている。それを見て、「ああ、自分は気をつけよう」と気がついた。それなのに1年後、自分も平気でシルバーシートに座ってスマホをいじっている……。気がついたのなら、そういう人間になるのではないよ。

祝詞を繰り返し唱えて、体でそれを覚えていくのです。汚れたものを見てしまったら、聞いてしまったら、「六根清浄」と唱えて、自分を戒めているのです。

## 100年後、自分のことを誰も知らない

僕は腎臓の持病があり、いつ人工透析になってもおかしくない状態です。そうなれば、命にもかかわります。だから、いつ死んでも後悔のないように日々を生きています。

母は以前から、僕が「生き急いでいる」と言って、早死にするのではないかと怖がっています。中学生の頃から全国を旅して、それもなにか人生を急いでいるように感じたと言います。友だちからも「お前は生き方が派手だ」と、よく言われます。うちの菩提寺のお坊さんには、もう戒名をいただきました。本来、戒名は本人が生きているうちにもらうものなのです。ちなみに、謙信公が好きだから、謙晄院とつけてもらいました。

この現世の人生は、一度しかない。一度しかないものを無駄に過ごしたくない。だから、立ち止まってはいられません。

「あの人、普通じゃないわね」「ちょっと、へんだわ」「なにかおかしい」

言いたい人には、言わせておけばいいのです。

考えてみてください。今から100年後、どうなっているでしょうか？　僕のことを知っている人は、誰ひとりいないでしょう。

今の僕たちが抱いている思い、悩みなど、人類や地球の歴史からみたら、ほんの一瞬です。長い時間で考えると、人間の一生なんてちっぽけなものです。

そのちっぽけな時間の中で、なにか失敗をした。自分ではとても恥ずかしかった。でも、いっときの恥なんて、10年後、20年後、誰が覚えているでしょうか？　そうそう覚えている人はいないでしょう。多分、自分だけです。

100年後の世界では、僕のことなんて誰も知らない。僕たちは今、この世界に、ちょっとお邪魔させてもらっているだけなのです。

そう考えたら、なんだか気が楽になりませんか？

だから、本当に自分がやりたいことをやっていけばいい。そして、完璧であろうとしなくていい。きれいでなくていい。ぶざまでもいい。コツコツと、自分が目指す姿に整えていけばいい。そう、「修理固成《つくりかためなせ》」です。

## 直感力を磨き、知恵を絞る

直感というと特別なもののように感じるかもしれませんが、本来は皆が持っているもので、自分では自覚しない潜在意識といえます。わかりやすいところでは「ひらめき」も直感です。

スピリチュアルと直感には深い関係があります。直感力を磨くには、固定観念を持たないことです。「絶対にない」と思えば、見えるものも見えなくなります。逆に、なんでも疑って見ようとすれば、そう見えてしまうものです。

今、目の前に起きたことを、ただ素直に感じること。そこから始まります。

「あれ、今、へんな声が聞こえたぞ」と感じたとき、

「いや、そんなことがあるはずない」と否定したり、「あ、空耳か」と終わらせてしまったりするかもしれません。一方で、「今、起きたことは、いったいなんだろう？」と考えることもできます。

食わず嫌いではなく、まず、食べてみてから考えましょう。

「あれ？　もしかして、なにか不思議なことが起こったのかな？」と思うのも、ひとつの縁であり、価値観です。

そして、ものの見方は人それぞれですから、自分の価値観を人に押しつけないことが大事です。「霊感やスピリチュアルの世界は絶対にあります！」と言っても、通じない人もいます。逆に、「科学が１００％正しい」と言っても、「じゃあ、その証拠は？」となるでしょう。

地球が自転しながら太陽の周りを回っていることは今では常識ですが、それを言い出した当時は、地球ではなく天体のほうが動いている天動説が正しいと考えられていました。現在の常識が、数年後にはひっくり返るかもしれません。

魂の考え方も進歩しています。奈良時代の人が今のスピリチュアルの考え方を持っていたかといえば、多分そうではないでしょう。そのかわり、現代からすると神がかり的な能力を持っていたかもしれません。

科学を手にした人間は、生活が便利になって、脳みそを使わなくなりました。人類の脳みそが最も発達したのは、ルネッサンス期（14～16世紀）だといわれています。学問や芸術における革新運動は、政治や社会、宗教にも影響を及ぼしました。人々は考え、議論し、芸術作品や建築物を創造するなど、さまざまな活動をしたのです。

一方、現代はどうでしょうか？　なんでも、すぐに答えを求めがちです。スマホで調べればすぐにわかるから、答えにたどりつくまでの「考える」というプロセスがないのです。脳みそを使わなくなったら、退化していくでしょう。

僕は、世の中に頭が悪い人は、それほどいないと思っています。しかし、残念なことに「頭の使い方が悪い」人が多いのです。頭、すなわち頭脳という素晴らしい道具を持っているのに、その使い方がよくない。神さまから賜った財産を使わないのは、バチあたりです。

頭脳明晰で犯罪に走る人は、頭の使い方が悪いのです。また、軽犯罪で捕まる人は、得るものとリスクを考えたときに費用対効果が悪いのに気づいていません。2、3万円の盗みを働いて新聞沙汰になるリスクを冒すよりも、建設業界で3日もバイトすれば、それくらいのお金は稼げます。

知恵とジュースは絞るものです。

自分の頭を使って、一生懸命考えましょう。どんどん知恵を絞りましょう。ジュースも果汁100％のほうがおいしいものです。ネットで検索してあてがわれた知恵は、味わいが薄いでしょう。一方、頭で考え、しっかり絞って得た知恵は、何倍もおいしく、体や心にとっても栄養となることでしょう。

## 僕のカウンセリングは総合学問

僕のカウンセリングでは、霊的にその人をみて、心理学や経営学、歴史や考古学などの知識、そして自分の実体験も交えて、科学的に話をしていきます。いうなれば、スピリチュアルと科学の融合によるカウンセリングです。

意識しているのは「氷の頭脳と炎の心」。氷の頭脳を科学、炎の心をスピリチュアルと考えるといいでしょう。

考古学の研究をしているときには、仲間にも「常に情熱を持ちながら、頭はクールで」と言っています。僕の好きな格闘技もそうです。

常に熱い心を持って、いろいろなことを感じ取ります。そして、それを人に伝えるときには、ひと呼吸おいてクールに考え、言葉にしていく。人に伝えるにも国語力や表現力がないとできないし、歴史を交えて例え話をするには学問的な裏付けも必要です。

そうして言葉で考えて人と会話をすることで、自分の価値観がつくられていきます。相手にも価値観があります。それを尊重しますが、否定してても肯定してもいい。それが自分の価値観なのですから。

そうしたことも含めると、僕のカウンセリングには心理学、考古学、歴史学、社会学、経営学、人間学……さまざまな知識や考え方が盛り込まれています。

つまり、僕のカウンセリングは「総合学問」。スピリチュアルの心と科学的な脳を持って、あらゆる知識を駆使し、知恵を絞って表現するカウンセリングなのです。

## スピリチュアルと科学の融合

これからの時代、霊的なスピリチュアルと科学の両方の視点が必要です。スピリチュアルだけでも、科学だけでもない、「スピリチュアルと科学の融合」です。

僕は霊的なものは、ある種の電気的なものだと考えています。「神社に行ったら携帯電話の調子が悪くなる」といった現象は、磁場や電磁波などが影響している証拠といえます。霊の科学的な分析は、これから徐々に解明されていくでしょう。

僕たちが暮らす地球では、温暖化や人口爆発、食料不足など、さまざまな問題が起こっています。僕は、地球と人間は運命共同体であり、そのしくみは連立方程式のようなものだと考えています。

地球の大きな営みとして、水や大気が循環し、人間をはじめとする動物や植物を育む、ダイナミックな自然サイクルがあります。生命体は地球という母体で、循環を繰り返しながら生きている仲間です。

しかし、考古学的にみると、人類は道具（特に火）を手にした瞬間、それまでの自然の連鎖から外れて、独自の道を歩み始めた。そして、人口は増え続けた。地球で生きるには自然と共存しなくてはいけないのに、人間は地球という母体の資源を食い尽くしてまで増え続ける、ガン細胞のような存在になってしまったのです。

そのとき、地球はどうするでしょうか？　危険なガン細胞を消しにかかるのではないでしょうか。

地球の環境破壊は、人間のエゴの結果です。仏教の言葉でいえば「因果応報」。原因があって結果がある。それが、異常気象や地震などの災害を起こしているのではないでしょうか。

## 台風の大型化は異常気象？

ここ数年、台風が年々、大型化しています。「異常気象で海水の温度が上昇している」と言いますが、それも人間の行いの結果です。

人間が経済活動を優先し、大気が汚染され、オゾン層が破壊されて紫外線が強くなり、地球の気温が上昇し、海水の温度が上がっています。地球の平均気温は摂氏15度。その温度を保つために、台風を発生させて地球を冷やしているのです。人間が熱を出したとき、汗をかいて熱を放出できますが、地球は汗をかくことができません。そこで熱い空気を集めて、北のほうへと移動させて冷やす。これが台風のシステムです。

台風が巨大化するのは、海水の温度が高くなったから。人間がしたことの結果が、巡り巡って人間に返ってきたのです。地球の循環システムであり、因果応報です。

では、今を生きる僕たちは、どうすればいいのか？

人間はエゴを捨てて、地球の一部として、母なる地球のことを考える、今がその時期です。自分だけの利益を追求すれば、必ずしっぺ返しを食らいます。人間には知恵や過去からの学び、叡智があるのだから、それを活用して新しい道を探るときです。

スピリチュアルの視点に着目し、科学的に分析する。スピリチュアルと科学の融合で、新しい道が開けると信じています。

## 震災とスピリチュアル

地震が発生するメカニズムは、科学的に解明されています。しかし、それが起こるタイミングや犠牲者が出てしまうことについて、どう捉えればいいのでしょうか？

天変地異や自然災害などについて、地震などの自然災害は、神ならざる者、大いなる存在の啓示だという人もいます。地震などについて、僕は「気づきなさい」というメッセージを感じます。

ひとつは「自然でもなんでも自分たちでコントロールできると勘違いするな、うぬぼれるな」というメッセージです。地球温暖化の因果応報と同じです。

もうひとつは「人間の小ささ、はかなさを再認識しなさい」というメッセージです。自然の猛威に恐れおののき、生き延びようと知恵を絞り、他者と連携して立ち向かう。心をひとつにして「絆」が生まれ、支援の輪が広がり、人の力を再認識する。こうしたことに気づくためのきっかけです。

はるか縄文時代、日本人は自然に畏敬の念を抱く、スピリチュアルな民族でした。平和な時代が1万年も続いたのです。しかし、やがて世界は経済優先の社会になって、それを忘れてしまった。スピリチュアルな感覚を思い出させるための、大いなるものからのメッセージではないかと、僕は感じています。

## ペット、友人、父、そして四大天使が出現

ある日、ペットの小型犬、茶々が部屋にちょこんと座っていました。

「お前さあ、去年、死んじゃったよなあ」と僕は言ったのです。すると頭の中に、

「私は、本当は一昨年の8月から、具合が悪かったの」

「じゃあ、なんだ、動物病院の先生が悪かったのか?」

「いいえ、私の運命だからしかたがないの。私たちペットは、人々を癒すことで魂の修行をしているの。家畜たちは自分の体を呈することで、人々に尽くして魂の修行をしているの」

「そうだよなあ。仏教では動物には仏性、ほとけ心がないって教えるんだけど、俺はそんなことないって思うよ」

　愛犬の霊と、そんな会話をしたのです。

　例えば、野菜や植物も同じです。お花や観葉植物が部屋にあると心が穏やかになるなど、植物が心を癒すことを実感している人も多いでしょう。茶々は続けました。

「だから、この世はみんなが修行に来ている場所なんだよ。だけど、人間たちは食べ物を粗末にして、生き物を虐待したりして。本当に上は怒ってるの！」

「上？　上って、なんだよ？」

　そう聞いたら、僕の亡くなった親友が二人、ボン！と現れた。

「お前は昔から、死んだ俺たちと会話ができて、不思議なやつだよなあ」

「お前は、子どもの頃から魔法使いみたいだったな。俺もそういう力が欲しかったのに。お前のことがうらやましい。こうやって死んだ人間と話ができるのに、いったいなにやっているんだよ。ちゃんとしろよ！」

　いったい、これは、なんなんだ⁉　おかしいと思って振り返ったら、今後はそこに父が現れた。

「お前ねえ、もっとちゃんと霊媒をやりなさい。もっと多くの人に発信しなさい」

「お父さん、どういうこと？」と言ったら、

「お父さんも死んでわかったんだけど、本当にすごいよ。上はヤバいよ」

「上？　だから、『上』ってなんなんだよ！」

そう言ったら、ぶわーっと、みんな消えていきました。

するると、今後は4本の光の柱が上空から部屋に降りてきたのです。これは強烈なオーラだと直感しました。ヤバい！　歩きかけたら足がもつれて、転んでしまいました。恐る恐る顔を上げると、色白で金色の短めの髪、ギリシア彫刻のような美しい顔立ちをした人物（？）が4人、上から降りてくるではないか！　少年のようにも青年のように見える顔、体は半透明で、背中には大きな羽根がありますす。その羽根は透き通っていて、なんとも神秘的。人間というよりは、まるで鳥のようなイメージです。

「え？　これ、天使？　もしかして、四大天使ってやつ？」

初めて見た。美しい……。実は、天使は天の使いであって、我々人間の味方ではないのです。天使がラッパを鳴らしたら、それは警鐘であり、世界が破滅する……というのは、あとから知ったこと。そのときの僕は、天使は人間の味方だと思っていました。

とりあえず、確認しようと思い、聞いてみました。

「あのう、僕、キリスト教は、よくわからないんですけど、あなたたち、四大天使さんですか？」

4人は表情も変えず、完全に僕をシカト。目は閉じたまま、僕と目を合わせることもありません。そして、冷静な口調で言いました。

「上は、もう時間がないと言っています。近々、人々を気づかせるために、いろいろな災害をもたらすでしょう」

4人が同時に声を発して、音声がサラウンドで響きました。しかも一方的に言い放ちます。

「災害？　どういうことですか？」

「もう上は、あきらめかけています。お前たちは自分のことしか考えず、愚かな道をたどっている。この世に生まれさせる意味もない。人間が人間として生まれる意味を、もう一度考えなさい」

そ、そう言われても……。とりあえず、聞かなくては。

「僕には、なにができるんですか？」

「お前は、人々に訴えなさい。それが、お前の仕事です」

そう言い残すと、大きな羽根で自らの身を包むように覆って、光とともにふわーっと上に昇って、消えてしまいました。

目が覚めて時計を見たら、朝の5時半。これも、ご託宣なのか？

忘れる前に記録をしておかなくてはと思い、ＬＩＮＥのタイムラインにアップしました。すると、僕の弟子にあたる何人かから、「私も同じような夢を見た」という連絡がありました。これはやはり、なにかのメッセージなのだと思いました。

２０１６年1月9日。その前年に愛犬が旅立っているので印象に残っています。

「上」とは？「時間がない」とは？

その意味はわからないけれど、とにかく、自分は人々に伝えていくことをしなくてはいけない、霊媒師として生きていかなくては、という思いを強くしたのです。

## 歴史を学ぶことは人の心を学ぶこと

僕は考古学をはじめ、歴史が大好きです。歴史を学ぶということは、人間の心のあり方を学ぶものだと考えています。

以前、ある弁護士さんにこう言われたことがあります。

「昔のことなんか知って、どうするの？　くだらない。時間の無駄だよ」

でも、それはおかしいと思って、言ったのです。

「でも、弁護士さんは、かつての判例を調べますよね。それも歴史じゃないですか」

すると、その人は黙ってしまいました。

歴史は、ずっと昔の遠いことだけではありません。近い歴史も、今まさに僕たちが過ごしている時間も、過去は歴史になります。その過去を振り返らない、過去の出来事から学ばない人間には、この先の未来は見えないのではないでしょうか。

歴史で何を学ぶかというと、過去の出来事だけを学ぶのではありません。過去の出来事を通して、そのときの人間のあり方を学ぶのです。その人間というのは、一人ひとりの人間が集まって作られた社会。だから、歴史を知ることは、人間の心を知り、心を学んで、自分の糧にする、ということです。過去、現在、そして未来へと、すべての人間の心を学ぶということなのです。

謙信公の「家訓十六ヶ条」は、別名「宝在心」とも呼ばれています。読んで字のごとく、「宝は心にあり」です。死んであの世に持っていける宝物は、心ひとつだけ。僕たちは、それを磨いていくしかないのです。

財産が1億円あろうが、10億円あろうが、もちろんあったらうれしいけど（笑）、自分が死んだら、使うことはできません。紙くずと同じで、価値も意味もなくなってしまいます。肉体が滅んだ自分には、心しか残らないのです。ならば、その心、魂を磨いていきましょう。

## 慰霊も僕の使命

僕の霊媒師としての、もうひとつの使命は慰霊です。

これは僕の考えですが、霊媒師は己がことだけをやるではなく、亡き人々の慰霊に心を砕くことも大事な仕事です。

先に記した、東京スカイツリーの辺りに眠る東京大空襲で犠牲になった人々、広島・長崎で原爆により命を失った人々の慰霊。沖縄やグアム、東南アジアにも足を運びました。また、ある年には、北海道から飛行機で樺太に入り、寝台列車に乗って12時間かけて、旧ソビエト連邦と大日本帝国の国境まで行き、戦没者を慰霊したこともあります。

１９９５年の阪神淡路大震災のあと、関西に行った折には必ず慰霊をしています。そして、２０１１年に発生した東日本大震災の慰霊のために、毎年春には東北を訪ねます。

旅の途中で慰霊碑を見つけると、その前に立って数珠を持った手を合わせ、献花をして、皆さんからいただいた浄財をお納めしています。

僕は、これから人生をかけて、戦没者の慰霊をするつもりです。祖父を供養する意味もありますが、亡き人の霊を慰めることは、僕に課せられた使命と捉えています。

# 終章

# 「多くの人を救う」をテーマに

僕の好きな言葉は「和して同ぜず」、そして「笑う門には福来たる」。

人は、ひとりでは生きていけないものです。周りの人に支えられ、協調して生きていかなければなりません。しかし、自分の信念や価値観を曲げてまで、人に合わせる必要もありません。だから、「和して同ぜず」です。

「笑う門には福来たる」、説明は必要ないですね。楽しいから笑うこともありますが、笑っているから楽しいことがやって来るのです。笑顔でいれば、苦も福になる。モチベーションを上げるにも、ぴったりな言葉です。笑えば運気も上がります。

そして、僕のモットーは「愛心義行《あいしんぎこう》」。

愛の心を持って、義を行う。愛する心の裏打ちがない義の行動は、わがままで独りよがりなのです。人目を気にして「義のために、正義のために生きたい」と言ったら、それはもう欲になってしまいます。そして、何が正義かは人によって違います。また、時代によっても正義は異なります。だから、あくまでも、その時代におけるその人の正義感なのです。

根本的に正義というのは、人を思いやることだと僕は思います。

いつの時代も「人の心」には大きな関心が寄せられます。孔子や老子など、中国の思想書が今でも多くの人々に愛読されるのは、やはり人間の心の求めているものは、何千年も変わっていないことを物語っています。

僕にとっては、上杉謙信公が残した数々の言葉や家訓は、とても大切な、実践すべき人生の指針です。なかでも、とりわけ有名なのが「宝在心」と呼ばれている「家訓 十六ヶ条」です。

上杉謙信公 家訓 十六ヶ条

一、心に物なき時は心広く體泰なり
一、心に我儘なき時は愛敬失わず
一、心に欲なき時は義理を行う
一、心に私なき時は疑うことなし
一、心に驕りなき時は人を教う
一、心に誤りなき時は人を畏れず
一、心に邪見なき時は人を育つる
一、心に貪りなき時は人に諂うことなし
一、心に怒りなき時は言葉和らかなり
一、心に堪忍ある時は事を調う
一、心に曇りなき時は心静かなり

一、心に勇みある時は悔やむことなし
一、心賤しからざる時は願い好まず
一、心に孝行ある時は忠節厚し
一、心に自慢なき時は人の善を知り
一、心に迷いなき時は人を咎めず

心に独りよがりの思いがないとき、自分勝手な考えがないときは、人を立派に育てることができる。

また、謙信公は、数多くの言葉を残しています。そうした言葉の意味や背景を調べ、僕は中学生のときから信念にしてきました。

自分の価値観を押し付けることなく、穏やかに、ユーモアを忘れずに在りなさい。

しかし、それでもその通りには生きられない。だから、毎日が修行です。最初から完璧な人間などいない、常に「修理固成《つくりかためなせ》」です。

僕が尊敬してやまない人々、今まで僕を導いてくださった数々の存在。日蓮聖人《しょうにん》、毘沙門天、大国主命……。僕にとって、どういう存在なのか、あらためて自分の中で整理しています。

なかでも、最も尊敬すべき上杉謙信公は、自分をこの道へと導いてくださった方でもあります。僕にとっては信仰の対象であり、宗教にも近い位置づけです。自宅には、謙信公と毘沙門天を祀る、お堂を造りました。二人の姿は、京都の絵師に描いてもらいました。

僕にとって謙信公は、導きの魂だと思っています。

僕は中学生の頃、友だちをいじめて、威張っていました。その頃に謙信公に出会い、自分の考えが軌道修正され、人生が変わり始めました。高校生のときには、内申点は校内でトップ5、周りから「義の人」と言われるまでに変わりました。いじめっ子だった僕が、人に頼まれると「いや」と言えない、そういう者に変容したのです。

ときおり、謙信公の人生と、自分の人生を照らし合わせてしまいます。「今の僕の年齢のとき、謙信公は、なにをしていて、どう思っていたのだろう?」と考えるのです。

今、僕は46歳。謙信公は、数えで47歳のとき、どうだったかな?と調べると……1576年、織田信長と対決する覚悟をして、上洛を始める時期でした。

「ああ、謙信公も、怖いだろうけれど覚悟を決めて、後に引けない戦いに出たんだな」と思いを馳せるのです。

僕も今、会社は大借金をしていて、まさに生まれ変わる時期。同じような立場に臨場感を感じて、ますます親近感を覚えます。

その謙信公が、僕の夢に現れたことがあります。

謙信公は戦いに負けたことがなく、無敵だったといわれます。それを思わせる夢でした。

場面は合戦。わーっ！　えいやーっ！と大勢の人々が戦っています。その様子を、謙信公はどっしりと座って、お酒を飲みながら見ていました。

「あの、すいません。謙信公でしょうか？」と、おずおずと話しかける僕。

こくり。ただ頷く、謙信公。

「謙信公、あなたは、お坊さんになろうと越後の国を出て行こうとしたのに、なぜ、そんなに多くの戦をしたのですか？　なぜ、命がけで戦って無敵だったのですか？」

「人々は、生きているときには、命のありがたさがわかっていない」

静かに、しかし力強い声で、謙信公は口を開きました。そして、続けます。

「人は死を感じたときに、生きる力を、生きていることを実感する。私は戦のなかで、人々に生きる美しさを感じているのかもしれない。だから、私は戦が好きだった。人々が命をかけて戦う姿、これが本当に生きている姿だとは思わないか？」

僕に問いかけたのでしょうか？　それとも、自分に言っているのか。

「この人生、命をかけて戦わないことに、なんの意味があるのか。ただ生きることだけに、なんの意味があるか」

その強い言葉に、僕は息をのみました。

「だから、最後まで力を尽くし、人が命をかけて戦う姿は美しい」

謙信公はそう言って、戦う人々を眺めていました。


そして、僕は目が覚めました。まるで映画を見ているようでした。

それから、書物などを調べるほど、その言葉は彼が抱いていた死生観なのだと確信しました。こんな言葉も残しています。

「極楽も地獄も先は有明の月の心にかかる雲なし」

この世を地獄にするも極楽にするも、すべては自分次第。死んだらどちらに行くのかはわからないが、どちらに行くことになったとしても、私の心は雲のかかっていない有明の月のように穏やかで晴れやかだ。

極楽も地獄も、今、ここにある。僕は、そして現代をともに生きる人々は、まさに今、この瞬間、極楽と地獄を生きている。どちらと思うかは、自分次第。

謙信公は、僕に多くのことを教えてくれました。今も歴史を紐解き、彼の言葉をかみしめて、日々メッセージを受け取っています。その学びを現代に生きる人々に伝えていくことも、僕の使命のひとつだと感じています。

いやなことや気になることがあったとき、心を落ち着かせたいとき、そして心の穢れを清めたいとき、僕は毘沙門堂に向かいます。ひとりきりで堂にこもり、自分の内面と向き合うのです。

ある日、お堂で拝んでいると、誰かが夢に出てきました。謙信公なのか？　それとも毘沙門天なのか？　その人物は、こう言いました。

「お前は立派な祭壇を祀っている。でも、それは表面的なものでしかない。非常に意味のないことだ」

「あなたは、どなたでしょうか？」

「もうすでに、神はいる。常に、お前の心のなかにいるのだ。だから、お前がいくら立派に祀っても、それは自己満足でしかない。そのことを覚えておくがいい」

そう言って、気配が消えていきました。

「我が姿を心に思い浮かべよ」

毘沙門天に踏みつけられながら霊言を受けた、あのときと同じ感覚です。あのときはされるがままでしたが、今は会話ができるレベルになっていました。

僕は自己満足とわかっていますが、立派な祭壇を構えました。しかし、お堂であっても、別の場所でも、どこであっても、今、そこで拝めば、それは神なるものとつながれるのです。

自分が望めば、集中して思い描けば、神仏は、そこに現れるのです。そこが地獄であろうがなかろうが、手に数珠があろうがなかろうが、僕が今、ここで手を合わせて集中すれば、もう神との対話ができるのです。

カウンセリングをしているときも同じです。クライアントさんにゆかりある霊を、今いる場所へと降ろしてくる。場所は関係ないのです。


僕は、いろいろな経験をしてきました。スピリチュアルを生業にする人間は、他の人が体験していないような、いろいろな経験をするものなのだと思います。その経験が、人の心をより理解し、心に寄り添う道標となるのです。

「霊媒師になる」と自分の道を決めてから、いろいろなことが、まるで歯車がカチッとかみ合うようにつながっていきました。

なぜ中学生のときから旅が好きだったのか、なぜ毘沙門天が好きで、謙信公に惹かれたのか、なぜ宗教家のおばあちゃんの孫として生まれてきたのか、なぜ早くに姉を失い、父を失ったのか、なぜ会社が倒産したのか、考古学、歴史、海外への旅、道を造るという仕事……。こうしたことのすべてが、ひとつに結びついたのです。

進むべき道がわかると、今までやってきたことに対して無駄はひとつもなかった、遠回りだと思っていたことが、実は必要な道だったのだと腑に落ちる。曲がりくねっていたと思った道が、まっすぐ今に続いていたとわかるのです。

自分の進むべき道が定まると、それまでの迷いは、「生まれてきて、こんなに素晴らしいことはない」という喜びに変わりました。

すると、死が怖くなくなりました。魂という存在があると確信し、「死は肉体にあった魂が別なところへ行くだけ。死は変化でしかない」と身をもって感じられるからです。そう思えると、死は全く怖くないのです。

もちろん、やりたいことがたくさんあるので、まだまだ死にたくはありません。けれど、もしも今、あの世に行くことになったとしても、それはしょうがない。寿命だと受け入れます。ただ、痛くないのがいいな、とは思います。そのときになって「うー、痛い、助けて！」と思うかもしれないけど、それは誰にもわかりません。

生き方が決まったというのは、自分がこの世に学びに来ている意味に気がついたということ。どんな人も、皆それぞれ、自分のテーマ（課題）を持って、この世に学びに来ているのだと思います。だから、そのテーマに即した道、生き方があるのです。

僕のテーマは、きっと「多くの人を救う」ということ。そして、人々を救うことで、自分の心を学んでいるのです。日々出会う、さまざまな人を見て、カウンセリングを通して。

実は僕は、人前で話すのが大の苦手でした。高校生のとき、体育祭の徒競走では人前で走るときに吐き気がするぐらい、人前に出るのがイヤだったのです。社会人になってもからも、人前で話すと考えただけで怖くて震えるぐらい。そういう性格でした。

ですが、霊媒師、スピリチュアルカウンセラーを始めて、性格がガラッと変わりました。虫が気持ち悪くて触れなかった僕が、「虫も生きている、すべて命だ」と思うようになった。すると、虫を愛しく感じて触れるようになりました。

「すべて、この世でともに生きている仲間だ」と思ったときに、なにも怖いものがなくなったのです。

生きるということは、気づかないうちに罪を犯しているのだと思います。ことの大小はあるけれど、人は生きている限り、罪を犯さないわけはない。僕もそうです。カウンセリングをするのは、迷い、悩む人に寄り添うことで、どこか罪滅ぼしをしている気持ちもあります。そうして、自分のなかでバランスを保っているのかもしれません。

例えば、僕は会社を経営していますが、そこでも僕は生かさせてもらっています。借金をして、いろんなことがあっても、社員の皆が「社長」と言ってくれるから、そう認めてくれるから、僕は社長としての役割を果たすことができています。

今日も無事に生きている。生かさせてもらっている。そのお礼は、多くの人を救うことで果たしていこうと考えています。

自分が生かされることで多くの人を救うことができるのだと思ったら、やるしかありません。だから、忙しくても、それをやらなきゃいけない。

ラジオ番組を担当するのは、直接会うことができない人、遠くの人にも声が届くかもしれないと思うから。これまで僕と接点のなかった人たちに、なにかのメッセージになればいいな、と思うから。番組では冗談ばかり言っていますが、ラジオを聞いて「しょうがねえな」なんて言いながら、「まあ、ちょっと頑張ってみようか」という気持ちになってくれれば、うれしいことです。くすっと笑って、なにか心に残れば、それでいい。「笑う門には福来たる」です。

もうひとつ、大事なことがあります。霊媒をしていたとき、あるメッセージを受けました。「あなたと同じような思いを持っている、多くの人がいる。だから、『よし、人々のためにやろう』と思っている仲間を作りなさい」と。

僕がスピリチュアルカウンセラーとして教えた人も何人か育って、実際にカウンセリングをしています。彼らが、ますます力を発揮してくれると信じています。そうなれば、僕も少しは社会に還元できたのかな、と思います。

歌でも、ダンスでも、スポーツでも、勉学でも、どんな分野でもいいのです。その能力を存分に発揮しましょう。兼ね備えた能力を使わないのは、罪とは言いませんが、社会に対して、そして自分に対して、もったいないことです。

なにも特別な人だけの話ではありません。他人が持ってない、あなただけの才能・能力が必ずあるものです。それを見つけて、磨いて、表現すること。すなわち、人々や社会に還元するのは、非常に素晴らしいと思うのです。

歌うことで誰かが救われる、スポーツに打ち込む姿に誰かが心を打たれる、美しい写真や絵画が誰かの心を揺さぶる……。それは、まさしく人を癒やし、あなた自身も癒やされることでしょう。

人の心は皆、ダイヤモンドの原石です。あなたは、まだ、その魅力に気がついていないだけです。原石を曇らせることなく、磨き続けましょう。

持って生まれたあなたの魂には、きっとこの世で果たすべきテーマがあるはずです。心の声に従って、素直に生きること。日々、懸命に生きるその姿こそ、この上なく美しく、人々を感動させるのです。

## あとがき

この度は私の著書を最後までお読みいただき、心より感謝申し上げます。

最後に私からのご挨拶をいたしたく、あとがきを執筆いたしました。

私が正式に霊媒師をはじめて、今年で11年目を迎えました。そのなかで大切にしてきたことは、常に自分の直感、心の声に素直に耳を傾けることでした。

それは、私がこの世界に入る日に、亡き父より最初に届いた声でございました。


そうした日常の中である日、仕事で高速道路を運転中にいきなり父の声が聞こえました。内容は「お前が今果たしている使命を本に残しなさい」ただそれだけでした。

急いで最寄りのパーキングエリアに寄り、携帯電話で検索、飛び込みで電話したのが幻冬舎様でした。電話口に板原様がでてそのままの出来事を伝えましたら、面白い！の一言。

あれよあれよという間に東京で打ち合わせをすることになり、出版する方向へ。

そこから幻冬舎担当の浅井様、企画構成に森様、私が多忙なためライターの高井様といった素晴らしい仲間の方々のご助力があり出版することができました。改めて御礼申し上げます。

私は常日頃からこの世は魂の学校であり、ご先祖の先輩方からこの学び舎を預かり、そして後輩へつなぐ。それを自分の使命の一つと考えてきました。ですから、もう一つの家業の建設業もこの世という校舎のメンテナンスの一つであり、霊媒も過去から未来への繋ぎ役であると。

その中で私の経験を残すこともその使命の内にあると、打ち合わせを重ねていくうちに気づかされました。

この本を読まれた方々の人生に、少しでも生きる力の栄養を与えることができれば幸いでございます。

皆様とのご縁に感謝しご多幸を祈念しつつ簡単ではございますがご挨拶とさせていただきました。

「笑う門には福来る‼」暁進でございました。

著者紹介

旭晄進（あさひ こうしん）

1975年、東京生まれ。霊感の強い家系に生まれ育ち、土木建設会社経営のかたわら、2010年より霊媒師として活動を始める。

# 僕《ぼく》は霊媒師《れいばいし》

2021年5月27日　第1刷発行

著　者　　旭晄進
発行人　　久保田貴幸

発行元　　株式会社 幻冬舎メディアコンサルティング
　　　　　〒151-0051　東京都渋谷区千駄ヶ谷4-9-7
　　　　　電話　03-5411-6440（編集）

発売元　　株式会社 幻冬舎
　　　　　〒151-0051　東京都渋谷区千駄ヶ谷4-9-7
　　　　　電話　03-5411-6222（営業）

印刷・製本　中央精版印刷株式会社
装　丁　　武石彩弥花

検印廃止

Printed in Japan
ISBN 978-4-344-93482-5　C0095
幻冬舎メディアコンサルティングHP
http://www.gentosha-mc.com/